なぜミーティングで決めたことが実行できないのか

速く確実に成果を出す、
すごいやり方

ミーティングコンサルタント
矢本 治
Osamu Yamoto

日本実業出版社

はじめに

◉ミーティング術は子どもからお年寄りまで「すべての人」に役立つスキル

こんにちは。矢本 治です。

僕は日本初のミーティング専門のコンサルタントとして、「ミーティングを通じて人を育て、売上を上げる」をモットーに、全国のクライアント企業をサポートしています。

自己紹介でそう切り出したときの反応はいろいろです。

「うちの会社の会議は、時間が長いし、回数も多いし、なんとかしたいんだよ」

と前のめりに話を聞いてくれる社長や管理職の方もいれば、

「私はパートなので、職場の話し合いに出たことがなくて……」

と縁がないと話す方もいますし、

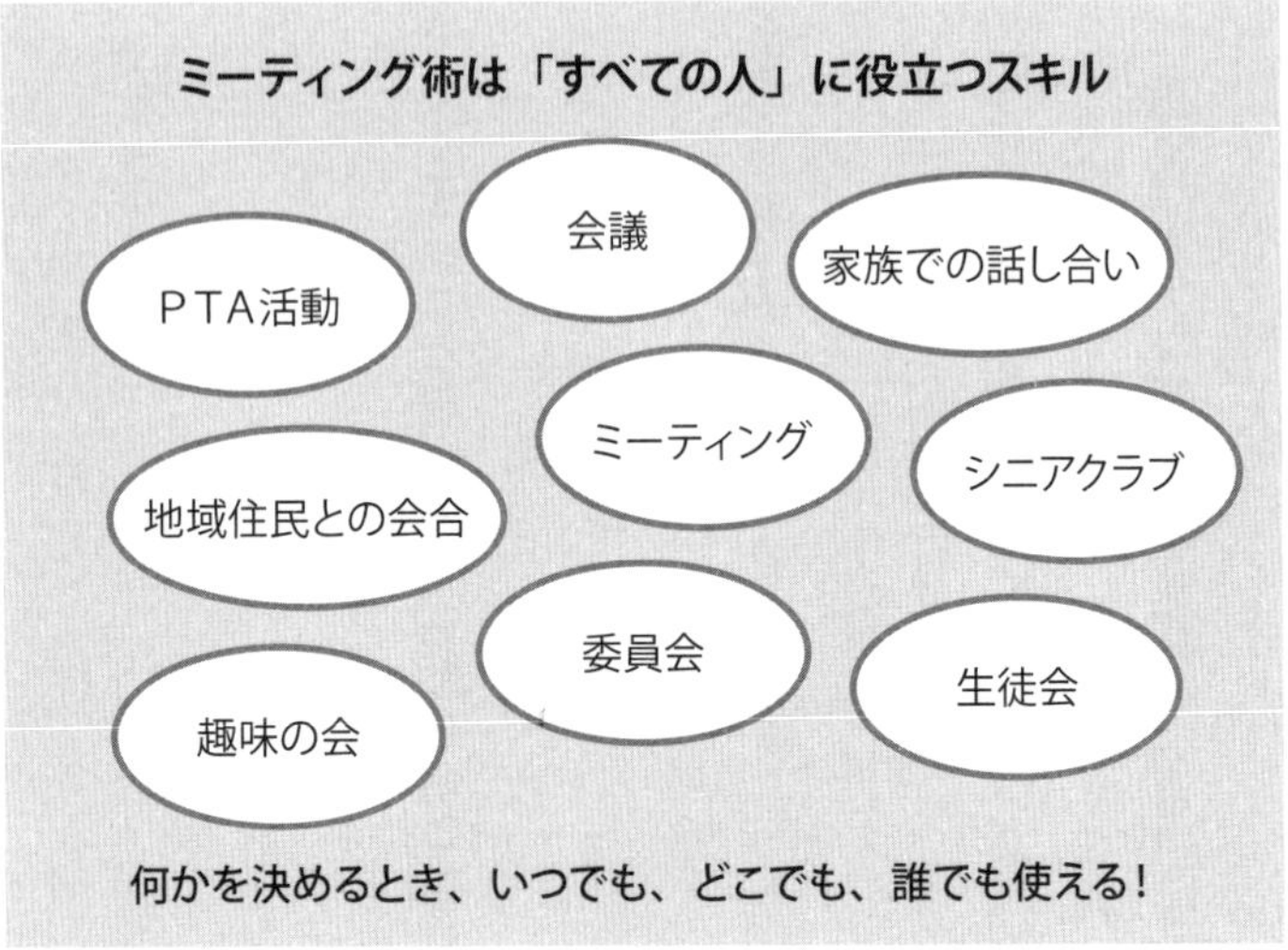

「家族経営だし、普段の会話で十分成り立っているから大丈夫です」と、わざわざミーティングをする必要はないと言われる方もいます。

みなさん、誤解しているかもしれません。ミーティング術は、**「短い時間で価値観の異なる複数人をまとめるためのコミュニケーションスキル」**です。

ミーティングや会議の場だけでなく、家族での話し合い、地域住民との会合、子どものＰＴＡ活動など、何かを決めるときにも使えます。

つまり、学生から年輩の方まで、**「すべての人」に役立つ会話のスキル**なのです。

◉みんなで決めたことを実行できないチームが増えている

僕は、コンサルタント契約をしている企業以外にも、スポット契約で講演・セミナー・研修を引き受けたり、リーダー・経営者を対象とした個人向けの私塾も開いています。相手は、業種も規模も年齢も地域もばらばらですし、民間の企業もあれば公的な機関もあり、バラエティ豊かです。

ただ、どのような相手であれ、僕がお手伝いをする目的は、**話し合うことで希望ある未来（＝成果）をもたらすチームになってもらうこと**です。

ミーティングコンサルタントの会社を設立した当時は、「意見やアイデアが出ない」という相談と「実行力に乏しい」という相談が、それぞれ約5割でした。

ただ最近は、**「実行力が問題では？」**と感じるチームに直面することや相談が非常に増えてきました。

逆にいえば、アイデア出しから決定・合意までをそつなくこなすチームが増えてきたのかもしれません。あるいは、環境や時代の変化によって重要度が変化しているのも関係しています。いずれにしても、**せっかく話し合っても成果が出ないのは問題です。**

◉一生忘れてはいけない方程式がある

成果を出せないチームにも個人にも覚えてほしい方程式があります。

❗ 成果＝アイデア×実行×継続・改善（質）

これは、**「ミーティングの成果が出る、みんなが幸せになる方程式」**ですが、注目してほしいのは**掛け算**だということです。

ミーティングや会議を円滑に進めるファシリテーションの技法が上手になったとしても、すごいアイデアを引き出せたとしても、**1ミリも行動しなければ結果はゼロ**です。行動力はあってもアイデアがいまいちな逆のケースも、**また然り**です。

継続・改善も成果を出すうえで重要な概念です。実行したことを検証し、改善と継続を繰り返すことで、「質」がどんどん高まります。

実際にやってみたものの、思ったほどの成果は出なかったとき、もう一度トライしてみるのか？　少しやり方を変えてみるのか？　まったく別の方法で仕切り直すのか？　検証を繰り返してゴールに近づけていく――、車のナビゲーションシステムのようなプロセスが継続・改善になります。

継続・改善する力に乏しいと、アイデアが良くても、きっちり行動しても、成果を出すことはできません。

この3つの中でも、最近は「実行」と「質」に関わる部分が重要視されています。なぜなら、パンデミックや戦争といった予期せぬ出来事を体験したり目の当たりにした今、どんなに優れたアイデアも、外的環境で簡単に変更を余儀なくされるからです。

- **変化のスピードが速い** → 熟考するうちに状況がどんどん変わる
- **先が読めない** → 1年単位の綿密な計画を立てても意味がない

さまざまな会社を拝見するなか、実行力の高いチームと低いチームは確実に存在し、その差は開いています。唯一正しい解答がわからない中、考えすぎる習慣は、リスク以外の何物でもないのです。

◉矢本流ミーティングのポイント

僕のキャリアは四国のホテルマンから始まり、その後、売上が低迷する関東のブライダル会社に営業部長として転職、現場をミーティングによって立て直しました（売上を3年で3倍以上、6年後に7倍近くにしたエピソードは前作『「15分ミーティング」のすごい効果』で紹介しているので、ご興味のある方は読んでいただければ幸いです）。

今では中小企業から東証一部上場企業、誰もが知っている外資系ＩＴ企業日本支社まで、年間３００回以上のミーティングを指導する経験を13年以上続けるなか、**決めたことを実行できないチームには共通点があると感じています**（次ページ表）。

皆さんのチームと重なる点はないでしょうか？

例えば、表内③に示したように、日々たくさんのミーティングに接していると、個人の時間管理とやる気に依存しているケースをよく見かけます。

結果、決めたことが実行されず成果が出ないと、一般的に「目標達成にはモチベーシ

決めたことができないチームの主な特徴

①毎回、同じ人ばかりが話していて、他のメンバーは賛成しかしない
②実行できない理由や言い訳を話す場面が多く、結局現状維持の仕事ばかりしている
③実行できないのは個人のモチベーションやタイムマネジメントが原因だと思っている
④決めたことを１、２度実行しただけで、そのままになっていたり、その後の進捗や検証、修正をする場がない
⑤会話に「後で」「空いている時間に」「どこかで」の単語が多い

ョンが大事だ」「動機づけを行えばいい」といった展開になりがちです。

僕は、個人のモチベーションのみに頼る対処法には否定的です。

どんなに上司が部下Aの仕事上のモチベーションを上げたとしても、プライベートで何か問題が起これば、その瞬間、Aのやる気は下がってしまいます。**モチベーションには脆さと限界がある**のです。

そのため、僕のミーティング術は、個人のモチベーションだけに頼らないよう設計されています。

人は、環境の変化に適応できる能力を持っています。環境や周りにいる人々によって、

本人の考動（自ら考えてとる行動）のパターンが変わるのです。
この環境適応能力をミーティングでも活かしていくことが大切です。

つまり、**ミーティングでの「進め方の設計」を変えれば、参加メンバーの考動パターンも成果も確実に変わります。**

僕が、実行力に乏しいチームに対して指導しているミーティング術は、以下のとおりです。

！ 矢本流「実行するミーティング」のポイント

- 未来視点の会話で主体性と可能性を引き出す
- 1年単位ではなく2か月単位で、動きながら修正する
- 個人のモチベーションやタイムマネジメントだけに依存しない
- 2種ミーティングで「実行」と「その後」を重要視する

↓キーワードは「直近重視」「小さく始める」「72時間以内」「繰り返し修正」

このミーティングを導入している僕のクライアントや塾生は、

「従来のメンバーのままで売上が5億円から8億円（1・6倍）になった」

「会議の雰囲気が明るくなり、行動量が増えて、成果が3年で4倍になった」

など、その96％が業績を向上させています。

そのほか、

「離職者が減り、社員定着率が業界平均の数値を大幅に上回っている」

「従業員の言動が主体的な内容に変わり、自走できる部門に変わった」

など、人事面での実績改善や従業員の成長にまつわる報告もよく受けています。

◉かしこまった研修スタイルではなく日々のミーティングで人を育てる

「ミーティングが従業員教育の場にもなるの？　なんで？」と思った方もいるかもしれませんね。

結論から言うと、**「組織文化が良い方向に変化し、その環境で仕事をすれば自ずと人が育つ」**のです。

学生の部活動、例えば、全国大会の常連や名門といった強豪校を思い浮かべるとわかりやすいかもしれません。

生徒が入れ替わっても、強い学校は毎年強い。つまり、その部には強くなるための考え方や練習方法などの**常勝パターン**が存在しており、新しい生徒は、その環境で時間を過ごすから、結果として強い生徒に成長する可能性が高いわけです。

そもそも僕のミーティングは、単に問題を解決するだけでなく、「うちのチームには、こんな従業員がいてほしい」といった像を個々に描いてもらい、「どんなミーティングをすれば、理想の考動ができる従業員に育つのか？」と、人材育成の観点を逆算して設計しています。そうしたミーティングを繰り返していけば当然、最終的に望んだ方向に人は育つのです。

もし現状のミーティングのやり方で成果が出ないのであれば、その**原因は従業員の能力ではなく、「ミーティングの設計」や「社内の考動パターン」です。**しかも、適切なミーティング術は、先天的なスキルに左右されるものではありません。

「業績の良い会社は、こういったことを優先しているのか……」
「なるほど！　そうやればいいんだ」

リーダーの方々の悩みや負担を減らしたくて、この本を書きました。だから心理学・コーチング・ＮＬＰ……、このミーティングスキルには今まで学んで実践してきたエッセンスが凝縮されています。本書で**コツを学び、実践してみてください。**

そもそも忙しいなか、わざわざ関係者が集まってミーティングをする理由は何でしょうか？

言い合いや責任のなすりつけあい、犯人探しをして、お互いのモチベーションを下げたいわけではありませんよね。理由は1つ。

! 自分たちの考動で希望ある未来を創造する。

ミーティングをする目的は、希望を現実に変えることであるはずです。

僕のミーティング論の体系は、①アイデア・解決策出し、②決定・合意、③計画・実行、④後日の軌道修正までがセットです。

前作『「15分ミーティング」のすごい効果』では、①アイデアの出し方から②決定するまでの内容が3分の2、③実行に関わる部分は3分の1でしたが、本書は③実行以降に主軸をおいた内容になっています（本書を先に読んでも問題ないように構成しました）。

大丈夫、安心してください。みんな最初はできません。普通のサラリーマンだった僕もそうでしたし、業績がどんどん伸びているクライアント先も同じです。繰り返し試すことで確実に身に付き、他のクライアント先と同じような希望ある未来が待っています。

『なぜミーティングで決めたことが実行できないのか 速く確実に成果を出す、すごいやり方』もくじ

はじめに

第1章 今なぜ「実行&修正ミーティング」が必要なのか

第2章　実行できない原因とその対処法を押さえよう

第3章　基本ミーティングステップ1アイデア・解決策を集める

第4章　基本ミーティングステップ2　アイデアを整理して決定・合意する

第5章　基本ミーティングステップ3　計画の立て方を工夫して実行につなげる

第6章　後日の軌道修正ミーティングが質を高め成果に導く

カバーデザイン　井上新八
DTP　一企画

第1章

今なぜ「実行＆修正ミーティング」が必要なのか

成果を出している企業は3年計画を重視しない

◉「後ほど」といわれた案件が近日中に着手されることは、ほぼない

「はじめに」でも述べたように、ミーティングには成功の方程式があります。

> ！ **成果＝アイデア×実行×継続・改善（質）**

この掛け算を意識した行動を繰り返すことが成果を出すためのプロセスです。

アイデアは、目新しい工夫や着想、問題の解決策を出し合って決めるステージ。

実行は、決めた内容の具体的な行動計画を設定し、実行するステージ。

継続・改善は　その後の修正・改善を繰り返すことで質を高め、成功率を高めるステ

成功の方程式をPDCAサイクルに置き換えると…

成果
＝アイデア（P）×実行（D）×継続＆改善（C・A）

ージ。

掛け算なので、何かがゼロだと成果はゼロになります。

今でも「参加メンバーが発言しない」という相談はあるものの、「通常業務が忙しくミーティングで決まったことへ着手できない」「アイデアがあっても人手不足で行動に移せない」といった相談が増えてきています。

今、成果が出ないチームに多いのは、**「実行ができない」**または、**「実行後の継続・改善ができていない」**ケースです。

成功の方程式を、一般的に馴染みのあるＰＤＣＡサイクルに置き換えると上表のようになります。

多くのミーティングでは、「誰が・何を・いつ」までを決め、しかるべき担当者らしき人物が、「詳細の計画は後ほど作ります」と述べて解散します。

しかし、しかるべき担当者は業務に忙殺されて、**「詳細は後ほど」**

という案件が近日中に対応されることは、ほぼありません。

現場に戻れば、みんなで話し合った記憶もやる気もどんどん薄まっていきます。具体的な行動計画は中途半端になったまま、結果的に実行できない悪循環を繰り返すケースが非常に多い。

つまり、**実行（D）の前の計画（P）が中途半端な状態になったまま**なのです。

この状態では当然、実行（D）に進みませんから、PDCAサイクルのこの後のC・Aも回りません。**実行の前の「計画段階」が成果を出せない原因の1つであり、改善のチャンスになる部分**です。

◉1年先が読めないからこそ「迅速＋柔軟」な行動が重視されている

今の時代は、僕たちを取り巻く環境が大きく変わってきた影響で、特にこの実行力が重要視されるようになってきました。

銀行には3年計画を出している企業が多いと思いますが、3年先どころか1年先ですら正確に予測することが難しくなっています。

東日本大震災以降、日本特有の地震に代表される天災（地震・雨・台風・雪）で、計画変更をした会社も多かったはずです。
その後、２０２０年からはパンデミック、感染症の世界的流行が猛威を振るいました。
天災にしろ、パンデミックにしろ、これらを半年前に正確に予測し、準備をした企業はどれだけあったでしょうか？　さらに追い討ちをかけるように戦争・円安・物価高……。

昔のような3か年計画や5か年計画を綿密に作ったところで、今は役にたちません。

こうした予測不能な中でも、業績を伸ばしている企業は存在します。
そうした企業に共通するのは、「綿密な数か年計画」ではなく、１年計画をベースに短期（２～３か月）で行動計画を立て、実行しながら外的環境を踏まえて臨機応変に修正している点です。

つまり、**成果を出している企業は、「熟考」ではなく「走りながら修正」しています。**

効果的な計画の立て方と修正の仕方

◉「まずやってみてダメなら変える」くらいが、ちょうどいい

今までの計画の立て方や修正の仕方は、以下のような流れが一般的でした。

【昔ながらの一般的な計画の立て方・修正の仕方】

①1年後の目標と計画を入念に考え
②ゴールから逆算して各月の数字や行動計画を立て
③計画・実行は担当者任せ
④細かな進捗確認に力を入れず
⑤1か月後に進捗確認。当初立てた目標や計画に基づいて修正・実行

今、成果を出している企業は、以下に示すように、一般的なやり方をしていません。

【成果を出している企業の計画の立て方・修正の仕方】
①1年後の目標と半年後の目標、取り組む重点項目を決め
②直近2か月計画、特に1か月以内は綿密に立て
③まずは実行してみる
④2週単位で実行できるように修正・改善を繰り返し
⑤2か月後、社内外の状況を見ながら、先の2か月の計画（1か月以内は綿密）を立てて実行

1年計画でさえ綿密に立てることが徒労に終わるケースが増えました。「時間をかけて計画を立てたのに、あっけなく変更を余儀なくされた」「退職者が相次ぎ、3か月後の人員確保も困難」、そうした状況が、ごく普通に起きていないでしょうか。だから「仮計画・仮実行」の気持ちで計画を立て、実行してみる。定期的に1年目標と社内外の状況を見ながら、2か月単位で行動計画を作成する。直近の時間を大切に「今できること」にフォーカスしながら考動するほうが時代にフィットしているのです。

準備不足でも実行したほうが成功確率は上がる

◉「動いている企業」ほど業績を伸ばす理由

今、業績を伸ばしている企業の共通点、それはとにかく**「動いている」**、つまり実行力があることです。

パンデミックに直面したとき、台風に巻き込まれたかのように「過ぎるのをじっと待っていた企業」と「不測の事態の長期化も想定し、自分たちにできることは何かを考え、動いた企業」では、3年経って大きな差が出ています。後者のほうが**成功確率が上がっている**のです。

頭で考えていたことが、成功しそうなのか・失敗しそうなのかは、少しでも行動することで一定の結果が見えてきます。その結果に対し、次の手を打つ――。

頭で考えるだけで一歩も進んでいない会社と違い、歩いた数が違います。失敗に終わった一歩でさえ、その経験が再発防止に活かせるのです。

これを3年間も続けていれば、大きな差になりますよね。

「何が正しいのかわからない」「何をやれば成功するのかも見えない」、そんな唯一正しい正解がない状況の中での行動は、当然リスクも伴います。

それでも、成功と失敗を繰り返してきた企業にだけ、そのうちのいくつかが実を結び、現在の優位性をもたらしてくれています。

◉変化の速さに対応する実行力も生き残りの大事なポイント

変化のスピードも実行力が重要視されている背景と関係しています。

例えば、YouTubeが出始めた頃、「あんな短い時間で素人が作った質の低い動画が流行するわけがない」と馬鹿にしているテレビ業界の人もいました。

実際は、10分15分のすきま時間に気軽に楽しめるYouTubeがブレイクしました。今では人気のユーチューバーがテレビ番組にも出演しています。

その後、TikTokを始めとした様々なショート動画が増えてきました。

このTikTokも出始めの頃、YouTube界隈で評価しない人たちもいました。「あんな短い動画で何が伝わるんだ」と。でも、瞬く間にブレイクしました。

僕は全国のクライアント先に向かう移動手段として電車をよく利用します。電車の中で座っている人たちを見ていると、時代の変化がよくわかります。

昔、サラリーマンが新聞を読んでいる光景が目立ちました。その後、スマートフォン(以下、スマホ)が登場すると、紙の新聞を読んでいる人は、ほとんどいなくなりました。

スマホを手にしている人も、当初はテキストやインスタグラムなどの画像を見ていましたが、今はYouTubeやTikTokなどの動画を見ている人が増えました。

コロナ前と後のたった2、3年でも、環境が様変わりしたのは記憶に新しいところです。皆さんのそれぞれの業界も変化したでしょうし、なかった場合は変化の波がこれから必ずやってきます。

◉多様化への対応もプラスする必要あり

変化の速さに加えて、今は複雑に多様化していることへの対応も迫られています。

例えば連絡ツール。これは僕自身の体験ですが、会社を設立した13年前は、クライアント先の皆さんとの連絡は電話を除けばメール一択でした。

今、連絡手段はチャットが主流です。LINEワークス、LINE、チャットワークス、Googleチャット、Messenger……、クライアント先に合わせていくと、ツールがどんどん増えていきます。同じ会社で複数のチャットを同時活用することも珍しくありません。

こうなってくると「前回送ったメッセージは、どのツールの、どのグループに送ったのかな?」と探したりする煩雑さがあります。

しかし、ちょっとしたやり取りはもちろん、決断や共有が、どこでも素早く確実にできるメリットも享受しています。

このように「変化が速く」「複雑に多様化」していることが、実行力重視に拍車をかけています。つまり現状維持は後退となるため、企業は常に行動が必要なのです。

特別なリーダーを目指す必要はない

◉リーダー頼みで成果を出すことの限界

変化のスピードが速く、多様化する状況下で、**リーダー1人が、「一から十まで把握し、頑張って実行し、組織を引っ張り、成果を出す」を引き受けるのは現実的ではありません。**

仮に50歳の僕が、20代の社員を採用するプロジェクトでチームリーダーを務めていたとします。ミーティングをし、採用に有効なツールは紙媒体ではなくＳＮＳという案が複数のメンバーから挙がり、重要な手段であることは理解できました。もし僕が、「自分が把握できないものにはゴーサインを出さない」、そんなリーダーだとしたら……。

まず様々なＳＮＳツールの活用フローを、ゼロから学び始めるはずです。そこそこ理解して運用できるようになるまでに、どれくらいの時間が必要になるでしょうか。

だったら、テーマや伝えたいメッセージは一緒に考えるとして、運用は20代のメンバーに任せたほうがスムーズですよね。僕と違って新たに学ぶ部分は少ないです。

万能な力を持つ特別なリーダーなら、SNSであろうが何であろうが、短期間でそつなく習得し、チームを一人で引っ張っていくのかもしれませんね。

少なくともサラリーマン時代の僕はスーパーリーダーではありませんでした。

「すべての現場を把握することはできない。どうすれば情報と知恵を集められるか？」

「決まったことを全部実行できるほど器用ではない。どう協働すればいいか？」

常にこう悩み、試行錯誤してきたわけです。クライアント先でも講演先でも、僕と同じ悩みを抱えるリーダーはたくさんいます。

ミーティングで意見や提案は無責任にできたとしても、実行には覚悟が問われるため、逃げ腰になる人が増えます。しかし、実行にはメンバーとの協働が絶対。だからこそ、ミーティングスキル（ファシリテート能力）を身に付ける必要があります。必要なのが実行型ミーティング術です。万能なスーパーリーダーを目指す必要はありません。

ミーティングの「設計」を根幹から変えよう

◉いまどき1年単位でのPDCAでは計画変更が柔軟にできない

ここからは矢本流のミーティングと一般的なミーティングの違いを「設計」の観点から見ていきます。

設計とは、ミーティングを次の3つから構築することで、重要な観点です。

! ミーティングの設計　重要な3つの観点

・ミーティングの頻度と話す内容をどうするか
・年間計画をどう細分化するか
・進捗をどのタイミングで確認し、どこまで修正するか

設計方法の違い

▼従来型ミーティングの設計	▼矢本流ミーティングの設計
①1年後の数字目標や予算を決める ②逆算して各月目標を決める ③毎月の定例ミーティングをベースに進捗を確認し、対策を話し合う	①1年後の数字目標と取り組む重点項目を決める ②逆算して6か月後の数字目標と取り組む重点項目を決める ③直近2か月ごとに行動計画を立てる ④2週間単位で修正を繰り返し行動改善する

同じ参加メンバーでミーティングをしても、この設計によって、ミーティング中とミーティング後の考動が変わってきます（上表参照）。それぞれを見ていきましょう。

【従来型ミーティングの設計】

①1年後の数字目標や予算を決める

②逆算して各月目標を決める

例

来年3月の目標　〇〇千万円

来年2月　〇〇千万円

…

12月　〇〇千万円

…

4月　〇〇千万円

（直近の4月まで毎月、数字を落とし込む）

③毎月の定例ミーティングをベースに進捗を確認し、対策を話し合う

②で設定した各月の目標を定例会議やミーティングで意識させるための報告・提案

例　4月1日　定例ミーティング
　　内容：前年度の反省と先月の数字確認　今月の目標と実績見込みの報告
　　気になる差異があれば対策を話し合う↓今後の行動計画決定

5月1日　定例ミーティング
　　内容：先月の数字確認　今月の目標と実績見込みの報告
　　気になる差異があれば対策を話し合う↓今後の行動計画決定

これはあくまで一例なので、話し合う内容や、何月の売上を議論するかは業種によって異なるかもしれませんが、**毎月、パターン化したミーティングを繰り返しているのではないでしょうか。**しかし、これだけ時代が変化している中、**既存のミーティングの設計を進化させることなく、惰性でしている会社が多いのは、非常に残念**です。

また、先々のことが予測しづらい現代では、1年後に達成したい目標を設定して逆算するスタイルは、もはや「長期計画」です。**1年スパンは短期ではありません。**

これでは外部環境の変化だけでなく、内部環境の変化（例えば、複数の従業員が入院したり退職をする）に対して、臨機応変に対応することもできません。

従来型ミーティングの設計あるある

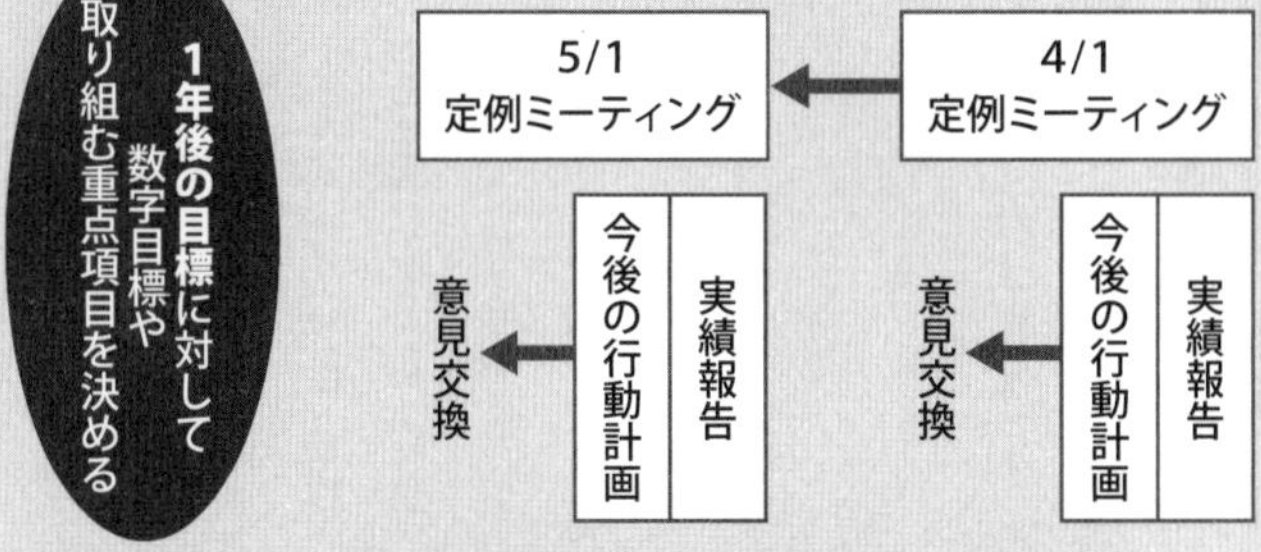

・1番最初に作った年間目標に対し定例（例：1回/月）の話し合い
・2〜3か月で目に見える成果が得られにくい
・状況が変化したり順調でないとき、いつ修正するかわからない

社内で決めた行動計画は実行されなくなり、検証も後手に回り、成果を出せずに終わるパターンになりがちです。

目標設定のタイミングも重要

年間計画を確実に達成するには、目標設定のタイミングや基本ミーティングの開始時期も大切な視点です。

事業年度が４月１日〜翌年３月31日のケースでも、行動した結果を見定めるのに半年以上かかる業種（例：住宅、ブライダル、アパレルなど）ですと、「前年10月に新年度目標を決定＆基本ミーティングをスタート」が効果的なため、行動計画表が一定期間、今期と来期の２つ存在することになります。本書では「4月１日 定例ミーティング」の例を使いましたが、業種によってスタート時期は異なるはずです。自社におけるベストタイミングを見つけて実施しましょう。

◉2か月計画でPDCAをやり切るのがおすすめ

今の時代にマッチした僕のおすすめはこうです。

> **矢本流ミーティングの設計**
>
> ①1年後の数字目標と取り組む重点項目を決める
>
> ②逆算して6か月後の数字目標と取り組む重点項目を決める
>
> 半年後の目標を見ながら
>
> ③直近2か月ごとに行動計画を立てる　**基本ミーティング**
>
> （直近1か月の行動は綿密に計画）
>
> ④2週間単位で修正を繰り返し行動改善する　**軌道修正ミーティング**
>
> （直近2週間〜1か月の行動計画を修正&実行を繰り返す）

2か月単位の**「基本ミーティング」**と2週間単位の**「軌道修正ミーティング」**の2種類を使い、2か月単位で一定の成果を得ながら、社内外の状況に合わせて柔軟に計画を改善していきます。

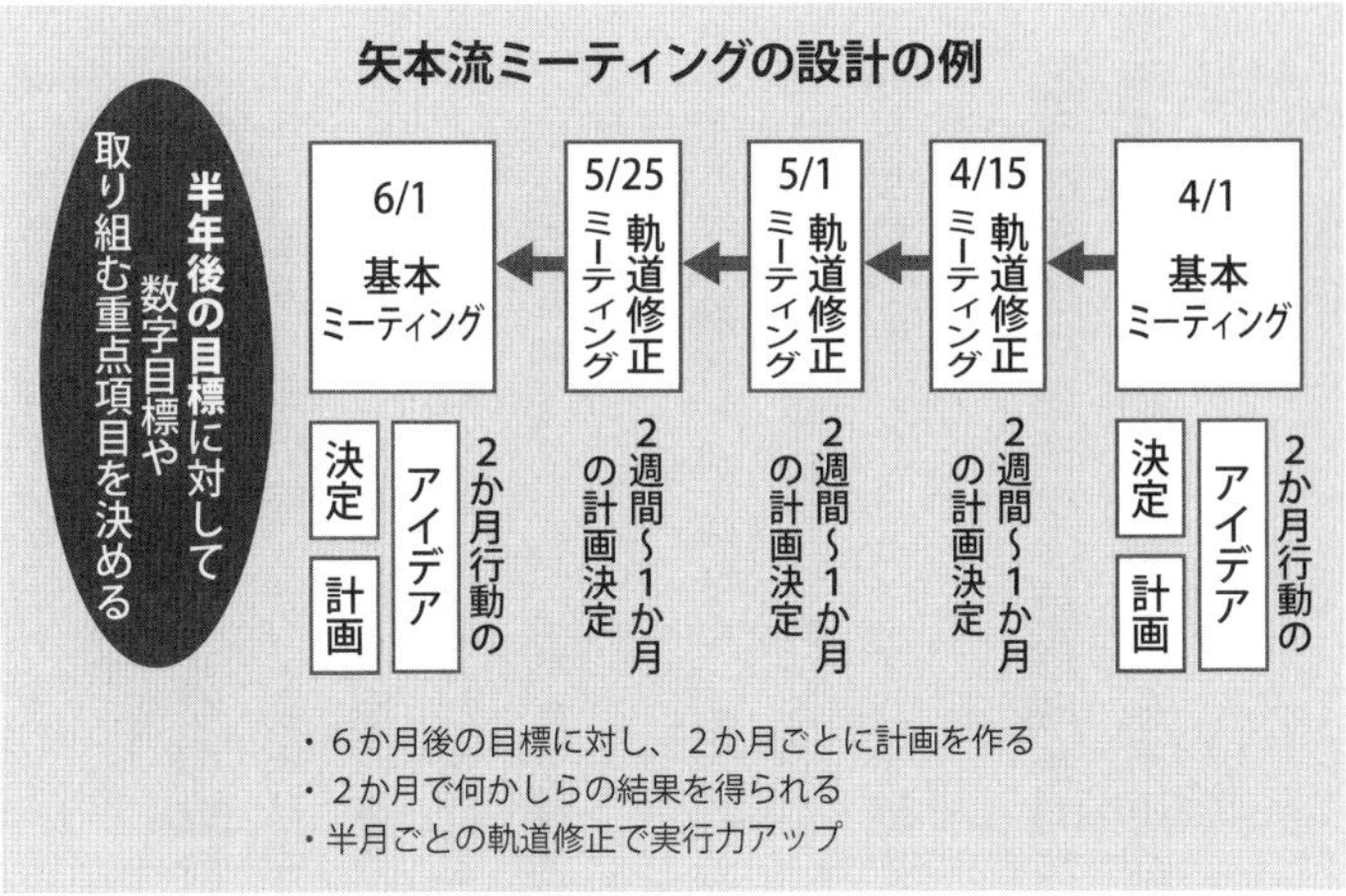

例

4月1日　基本ミーティング（全員）

内容：直近2か月計画のアイデア・解決策の提案↓決定↓計画↓一部分は実行

4月15日　軌道修正ミーティング（管理者単位）

5月1日　内容：2週間で1か月の修正計画提案↓決定

5月15日　軌道修正ミーティング（管理者単位）

内容：2週間～1か月の修正計画提案↓決定

6月1日　基本ミーティング開催内容（全員）

内容：半年目標を見て、取り組む内容の検証と修正↓決定↓計画↓一部実行ポイントは以下のとおりです。

! 矢本流ミーティングの設計ポイント

- まず1年目標、次に半年目標を作り、「半年目標」を重要視する
- 直近の2か月で取り組む重点項目を決め、一定の成果を出す
- 新しい取り組みは2か月間しっかり実行してから続けるか止めるか判断する
- 修正ミーティングを必ず実施し、常に直近1か月の行動計画を修正する

つまり、「熟考」ではなく「走りながら修正」するということです。

「１年ＰＤＣＡを回す」のではなく、「組織の環境に合わせて半年目標を意識しながら２か月単位でＰＤＣＡサイクルを回す」イメージです。

どうなるかわからない数か月先のことに時間をかけず、直近の時間を大切に、「今できること」をまず実行していくチームのほうが、今の時代にフィットします。

2種類のミーティングの原理原則

軌道修正ミーティング

（目的：実行していくための場）

①進捗確認
②2週間〜1か月の実行計画の合意
③うまく進まない場合、組織的問題はリーダーが解決・サポート

□リモートも可
□チーム単位
□月に2回（または2か月に3回）
□半月に1回（1日と15日など）
□15〜30分

基本ミーティング

（目的：2か月の基本方針を決める）

①半年目標に向けて課題を選定
②解決策を集約・重点項目見直し
③決定・合意
④計画（一部実行）

□リアルミーティング
□全員参加
□1か月（または2か月）に1回
□月1回
□1〜2時間

◉2種類のミーティングとは何か

続いて、2か月単位の「基本ミーティング」と半月単位の「軌道修正ミーティング」について補足します。

それぞれの内容、時間の目安、開催頻度、参加メンバー、リモート活用の有無などの違いは上表のようになります。

それぞれのミーティングの流れに沿って説明していきましょう。

・基本ミーティング

基本ミーティングは、直近2か月の基本方針を決めるミーティングです。

半年先目標の達成に向けて、「これ

から何に？　どう取り組んでいくか？」の2か月間の基本方針を決めるミーティングになります。アイデアや解決策を提案→決定・合意→計画の流れで進行させます。

開催方法は、原則としてリアルの場に参加メンバーが全員集まる形式をとります。

開催頻度は、2か月に1回、時間は1～2時間と、少し長めに設定します。

・軌道修正ミーティング

軌道修正ミーティングは、前述した基本ミーティングで決めたことの修正計画を定期的に合意するミーティングになります。

現状の進捗状況をメンバーで共有し、それを踏まえて直近2週間～1か月の行動計画発表→合意の流れで進行させます。

開催方法はリモートも可能とし、取り組んでいる各管理者2名とリーダーで個別に行ないます。

基本ミーティングが2か月を重視する理由

2か月単位を重視する理由は次のとおりです。

・実行を繰り返す必要があったり、一定の成果を見極める期間として1か月では判断がつかないことが多い
・打ち手への柔軟な修正が可能になる
・そのときの社内外の環境に合わせて行動計画が立てられる

開催頻度は、原則として月に2回、時間は15～30分の短時間ミーティングにします。

◉実行面では軌道修正ミーティングが最も重要

実行においては、この軌道修正ミーティングが最も重要になります。

詳しくは6章で説明しますが、定例業務をこなし、予測不能なトラブルにも対応しながら新しいチャレンジを実行していくことは簡単ではありません。**行動を止めず、定期的に計画を見直す軌道修正ミーティングは、実行していくための大事な時間**です。

軌道修正ミーティングは、メンバー全員が集まるのではなく、実行していくチームごとに小規模なミーティングを繰り返します。

なぜなら、同じように「ミーティング」という名前がついても、アイデアや解決策をもらうのではなく、「いま何が止まっていて、今後どう修正するか」という実行に関わる話だけをしていくからです。

どこまで話し合って解散するかで成果が決まる

◉従来型ミーティングに多い「計画するのも実行するのも個人任せ」

最後に従来型と矢本流のミーティングで話し合う内容の違いを見ていきましょう。実行に至るまでの「流れ」と「どこで解散するのか」という区切りを見比べてください。

【従来型ミーティングの流れと区切】

①アイデア・解決策の提案

②決定・合意（誰が、何を、いつまでに）を決める

――――このタイミングで解散――――

・後日、管理者がそれぞれ

③実行計画の詳細を作る

④実行

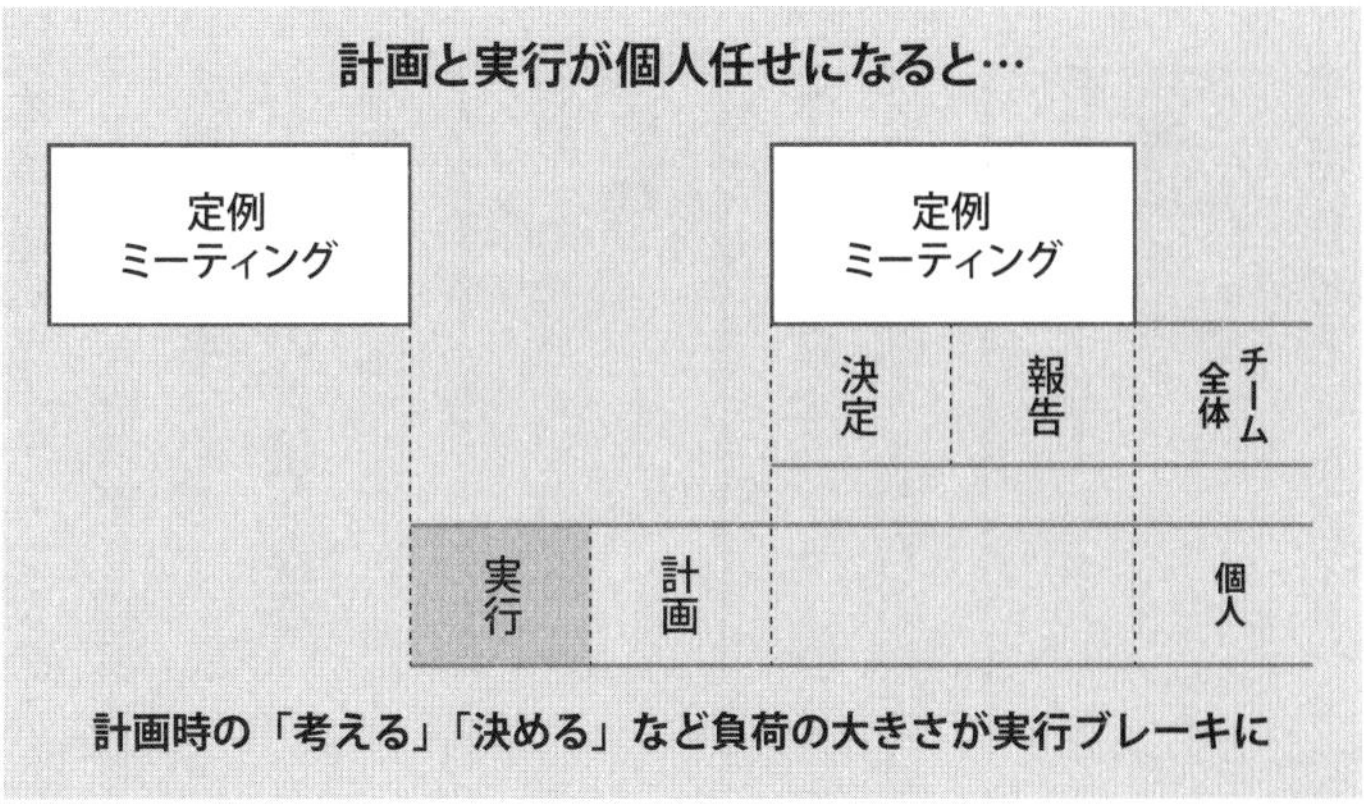

ここで押さえておきたいのは「計画」には「考える」「決める」という2ステップが必要で、双方ともにそれ相応の労力と時間がかかるという現実です。

◇

この流れで問題なのは、計画（考える・決める）と実行（行動する）を個人任せにしている点です。

毎日ただでさえ忙しい中、現場に戻り、新しい仕事を計画・実行することは難易度が高く、多くの組織が実行できないのは当然です。

解散する前に「考える」「決める」をミーティング内で一気に済ませてしまい、現場に戻ってから「行動するだけ」にすれば、実行力は格段に上がるはずです。

【矢本流　基本ミーティングの流れと区切】

①アイデア・解決策を提案する
②決定・合意
③実行計画の詳細を作る
④一部実行

―――― このタイミングで解散 ――――

・後日、管理者がそれぞれ
⑤実行

【矢本流　軌道修正ミーティング（2週間ごと）】

⑥今後2週間〜1か月の修正計画を提案し、合意を得る

・後日、管理者がそれぞれ
⑦実行

◇

ここでのポイントはミーティングで「どこまで話して解散したか」です。

計画時の「考える」「決める」を済ませてから解散

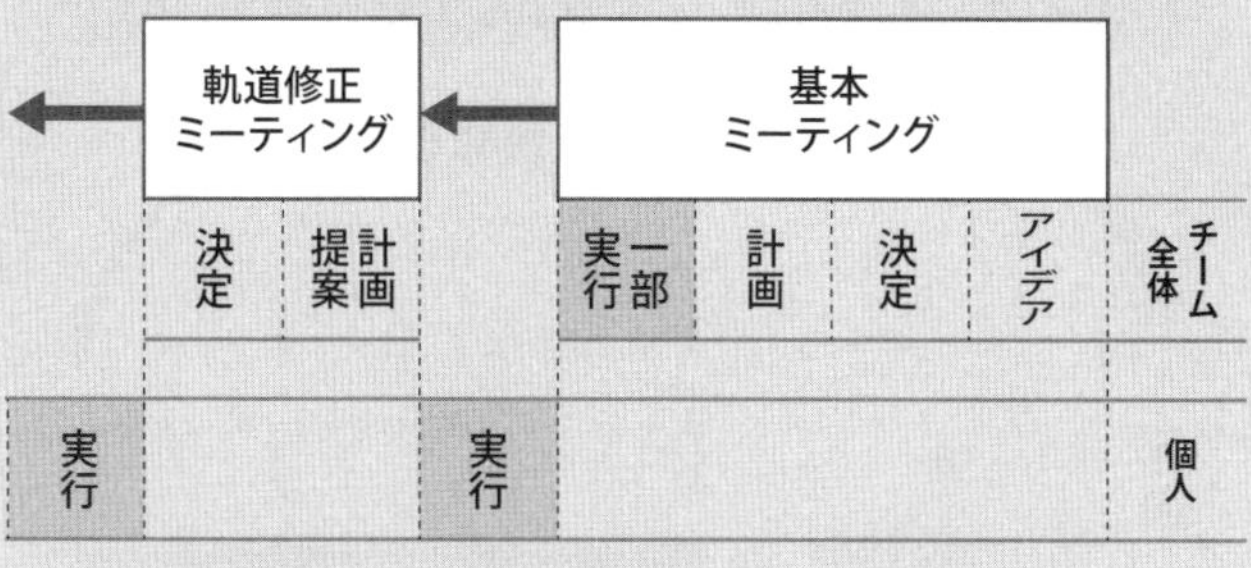

あとは各自「行動する」だけになって実行力アップ！

②〜④までやったらミーティング時間が長くなると思ったかもしれませんが、せいぜい30分、多くて1時間プラスになるケースがほとんどです。

忙しい現場に戻れば、記憶力と実行する気持ちの温度はどんどん下がります。ミーティングで話し合った内容も忘れてしまいますし、やる気も起きなくなる、それが普通なのです。

ミーティング直後の30分と、1週間後の記憶をさかのぼりながらの30分とでは、同じ30分でも価値が違います。この心理状態を踏まえて、ミーティングの中で「考える」「決める」をできる限りこなしてから解散する——。それが、現場での労力減につながり、あとは「行動する」だけになり、行動量もスピードも向上します。

次の第2章では、実行力が下がる7つの原因と基本対策について詳しく説明していきます。

第1章　まとめ

矢本流ミーティングのあらまし（設計のポイント）

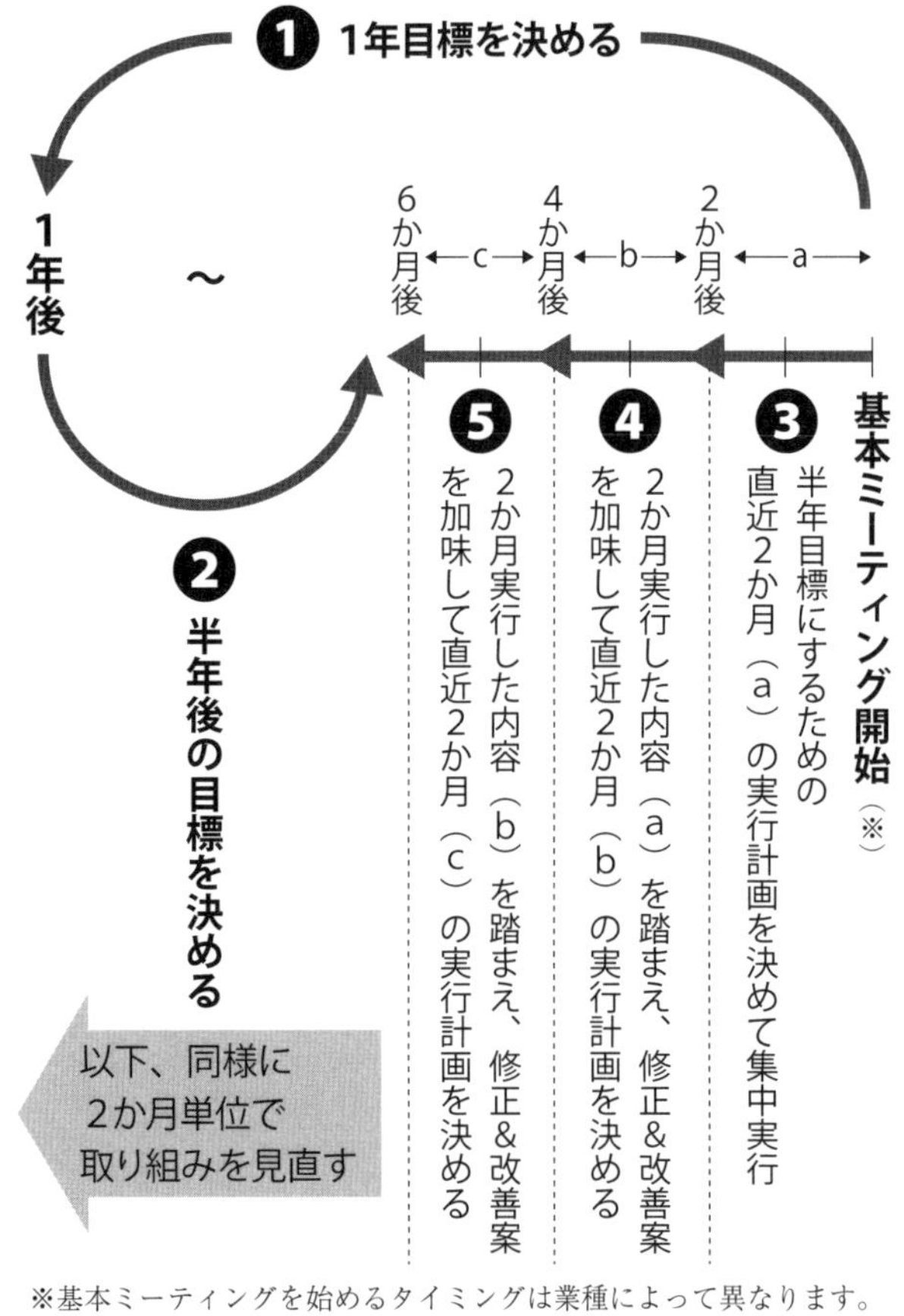
❶ 1年目標を決める
1年後
〜
6か月後
c
4か月後
b
2か月後
a
基本ミーティング開始（※）
❸ 半年目標にするための直近2か月（a）の実行計画を決めて集中実行
❹ 2か月実行した内容（a）を踏まえ、修正&改善案を加味して直近2か月（b）の実行計画を決める
❺ 2か月実行した内容（b）を踏まえ、修正&改善案を加味して直近2か月（c）の実行計画を決める
❷ 半年後の目標を決める
以下、同様に
2か月単位で
取り組みを見直す

※基本ミーティングを始めるタイミングは業種によって異なります。
（41 ページのコラム参照）

第 2 章

実行できない原因とその対処法を押さえよう

実行できない7つの原因と対処法

◉原因も対処法も「個人」と「組織」で別々にある

ミーティングで決めたことができない原因は、「個人」と「組織」それぞれにあり、基本的な対処法も異なってきます。

例えば、「今年は英語を勉強する」と目標を立てたのに、そのうちテキストを読まなくなったり、「やらなくちゃ」と思っていても腰が重いケースがあるでしょう。このように、**実行できない原因が当人のやる気にかかっているケースが「個人」の問題**です。

価値観の異なる仲間と協力して仕事を進める組織となると、目標を実行できない原因はさらに複雑です。ミーティングで決めたことに着手していたとしても、上司から急ぎの案件を振られたら中断せざるを得ません。

決めたことが実行できない７つの原因

個人	①未来の時間を甘く見積もる ②脳には変化を嫌う習性がある ③自分の記憶力を過信する ④「考える」「決める」の負荷が大きい
組織	⑤定型業務とのせめぎ合いが生じている ⑥決めた内容がフワッとしている ⑦個人的にやりたいことではない

このように、実行できない要因が個人の問題だけではないケースが「組織」の問題です。

とはいえ、組織の場合、協働することで達成できるケースや、人の目があるから懸命に行うので作業がはかどるケースもあります。

個人の問題であってもその対処を気合・根性の精神論で終わらせるのではなく、チームとしてミーティングで設計することが大切です。

この章では、決めたことが実行できない背景を、「個人」と「組織」それぞれの観点から、合計７つの原因別に分析し、日々のミーティングでどう活かしていけばいいのか、基本的な概念を説明します。

7つの原因〈個人〉
①未来の時間を甘く見積もる

◉未来の時間を甘く見積もってしまう理由

僕たちは無意識に「未来の時間」を多く、言いかえれば甘く見積もることをしています。

「1週間後には今よりゆとりがあると思っていたけれど、実際その時になってみると時間が全然なかった」という経験は誰にでもあるはず。

なぜこのようなことが繰り返されるのかというと、**自分たちが読み切れない「今までの予想を超えた新たな仕事」という存在を忘れている**からです。

仕事には次の3つの種類があります。

「今までの予想を超えた新たな仕事」の例

- 上司からの急で大きな仕事依頼
- 年に数回起きる大きなクレームの発生と対応
- 仲間が急に休む（または退職する）ことによる役割分担の変更と業務量の増加
- 天災やコロナウィルスのような危機への対応　など

①定型業務（日々のルーティンワーク）
②経験上、予想できる今後の新たな仕事
③今までの予想を超えた新たな仕事

このうち①と②は、ある程度、予見して仕事のスケジュールを立てられますが、多くの人は上表に示したような③を読みきることができません。

読者の皆さんにも、こうした経験が必ずあるはずです。

ここ数年は③タイプの仕事が増えている気もします。

「自分の予想を大幅に超えた業務をこなさないといけなくなり、計画していたことが水の泡になった！」

僕たちは**③今までの予想を超えた新たな仕事を見積もることができませんし、できれば見積もりたくないのです。**

だから「未来のほうが与えられる時間は多いし、うまく時間をやりくりすれば、直近の締切より時間が捻出できるのでは？」と考えてしまいます。

でも、これは錯覚です。今より未来のほうに時間がある保証はありません。

僕の経験を踏まえていえば、1か月後より3日後のほうが、突発的なトラブルが起きている確率は低い。だったら、3日以内に行動したほうがよいのです。

◉時間と完成度は比例しない？ 時間不一致現象

僕たちが、未来の時間を甘く見積もる原因には、行動心理学の「時間不一致現象」が深く関わっています。

例えば、リーダーから、この1週間が繁忙期でないあなたに企画書の依頼がきたとします。どちらが簡単にできそうな気がしますか？

！

どちらが簡単に仕事ができそうに感じるか

(1) 5日後の締切り
(2) 2週間後の締切り

恐らくあなたは(2)の締切りのほうが時間的余裕も生まれて、簡単かつ精度の高い仕事ができるはずと考えるのではないでしょうか。

実際はどうでしょう。

緊急案件が舞い込んで手がつけられず、直前になってバタバタ作り始め、「時間があっても、そんなに精度の高い企画書にならなかった」という結果になることもよくあるパターンです。

やるべき仕事が同じだとしても、時間的距離によって実行の難易度が違うように感じるのが**時間不一致現象**であり、起こしがちな錯覚です。

大事なことに取り掛かるベストなタイミングは「直近の空いている時間」なのです。

◉最初の第一歩は「今から72時間ルール」

未来は、自分が思っているほど時間はありません。

仮に今、スケジュールが空いていたとしても、必ず何かで埋まってしまうリスクがあることから、僕は**「実行の第一歩は今から72時間以内に必ず行う」**ということをおすすめしています。

できれば「今日」、すなわち当日に着手するのがベストです。

ただ、ミーティングにも一定の時間をとられているので、他のスケジュールが詰まっていて〝余白〟がないことも多いでしょう。

経験上、4、5日後に着手となるとミーティングの細かな内容を明らかに忘れてしまう人が多いので、試行錯誤を繰り返し、「今から72時間」が実行の第一歩としています。

もちろん、**優先順位は、①今日→②明日→③3日後の順です。遅くなればなるほど思い出す作業が必要となり、記憶との戦いになります。**

そして、後になればなるほど、57ページで説明した「今までの予想を超えた新たな仕事」などが舞い降りてくる確率が高まるので要注意です。

成果を出したいとき、根拠のない楽観視をするのはやめましょう。

単に「先延ばし」するのではなく、「直近の日程を細やかに調整」しながら、大事な仕事をスケジューリングしていくことが大切です。

◉その場で未来の自分に〝アポ取り〟する

矢本流ミーティングでは、「72時間以内の最初の一歩」を意識させるだけでなく、先のスケジュールも具体的に決めます。

例えば、第一歩はいつ？ ↓ ○月○日にYさんと△△を実施

その次のステップは？ ↓ □□を○月○日に個人で実施　などです。

さらに、この内容をスケジュール帳にすぐに書き込みます。

これを僕は**「未来の自分へのアポイントメント」**と言っています。

多くの組織では、「時間が空いたら」「すきま時間を見つけて」「作業の合間に」と言って、こうした内容をきちんと決めずに解散してしまいます。

日常業務で忙しいあなたに「すきま時間」は永遠にやってきません。だから、先に「予定を決める」「手帳に記入してブロックする」のです。

未来の自分に〝アポ取り〟することで、決めたことへの実行力は格段にアップします。

7つの原因〈個人〉
②脳には変化を嫌う習性がある

◉実行できないのは脳のせい？

人間の脳は自分の生命を安定維持するため、できるだけ変化を避けて現状維持をしようとする防衛本能が働いています。身近な具体例は以下のとおりです。

・気温にかかわらず、体温を一定に保つ
・軽いけがをしたり、かぜをひいたりしても、時間が経てば健康な状態に戻る
・体内の水分量を一定に保つ
・ダイエットを始めても体重は簡単には減らない

これをホメオスタシス（恒常性）といいます。

つまり、**新しい行動ができないのは、個人の能力的な問題や、やる気の問題だけではなく、より強い防衛本能が新しい行動を抑制していることが原因**だとも判断できます。

「なぜ年始に立てた新しい習慣が身に付かないのか」「なぜダイエットが難しいのか」が理解できると同時に、単にモチベーションや気合、根性に頼っていては動けなかった理由もわかります。

◉新しいことは最初の一歩が鍵

例えば、ダイエットを決意し、ジムに入会しました。仕事が早く終わったので、本来ならジムに行きたいところ。でも、今日はハードワークだったので、そんな気になれない……。頑張ってジムに行くか、ビールでも飲んでダラダラ過ごすか、悩みますよね。

そんなとき、「あんまり運動しないかもしれないけど、とりあえず行ってみよう」とジムに行き、頑張っている人を見ているうちに、結局1時間トレーニングをした。

ほかにも、「数ページだけ読むつもりで読書をしたら30ページも読んでいた」「少しだけ手をつけた仕事が、気分が乗ってきてキリのいいところまでやりたくなった」、そういった経験はないでしょうか？

前述のジムでいえば、「ジムで運動すること」と「とりあえずジムに向かう」ことの、どちらがハードルが高いか？

この場合、**ハードルの低い「最初の一歩」にいかに着手するかが実行力を決めています。**運動をする気はなくても、ジムに向かい動き始めることで運動へのやる気が高まります。

この理由は脳の**側坐核**《そくざかく》という部分の特性と関係があるようです。

◉脳の仕組み（側坐核）を活用する

私たちの脳には「側坐核」と呼ばれる場所が存在します。

側坐核が刺激されると、意欲を高めたり、楽しいと感じる「ドーパミン」というホルモンが分泌されます。ドーパミンが行動力の源になるわけです。

〝側坐核のスイッチ〟を入れさえすれば、誰でも、すぐに動くことができるようになります。

でも、ここで重要な事実は、側坐核というスイッチは、「よし、やるぞ！」と気合いを入れても入らないことです。
周りの人から、「頑張ってね！」「応援しているよ！」と応援されたり、「早くやれ！」「なんですぐに着手できないんだ！」と叱責されてもスイッチは入りません。

では、どうすればいいのでしょうか？

側坐核は「なんらかの行動を起こす」ことで刺激を受け、ドーパミンを放出します。
つまり、気合や根性といった意識的なものではなく、「行動に着手」することで、はじめてスイッチがオンになるのです。

「そうはいっても動けないから困っているんだけど……」という声も聞こえてきますが、大丈夫です。側坐核のスイッチを入れるために必要な行動は「ほんの少し」の、ハードルの低い行動だけでもいいのです。

◉行動のコツはハードルを下げること

普段の職場でも、ミーティングでも、ほんの少しハードルを下げて実行していくために3つのポイントがあります。

一つ目は**「小さく始める」**です。

任された業務であれば、まず細分化します。細分化することでファーストステップを簡単にして、取りかかりやすくするのが目的です。

「ホームページのリニューアル」であれば、「トップ画面を見て、気になった部分をメモ書きする」だけでもいいのです。

これを「まず改善点を洗い出し、他社のホームページをチェックして、他部門の意見もヒヤリングし、その後、デザイン部門と相談し、上司の了解も得て……」と頭で思い描いて動こうとすると面倒になり、「とりあえず他の業務を先にしよう」となるわけです。

二つ目は**「短い時間から始める」**です。これは時間的なハードルを下げることです。

2、3時間かかりそうな仕事を、まず少しだけ着手し、15分経ったらやめていいというルールを決めてスタートします。

ハードルを下げれば実行力は高まる！

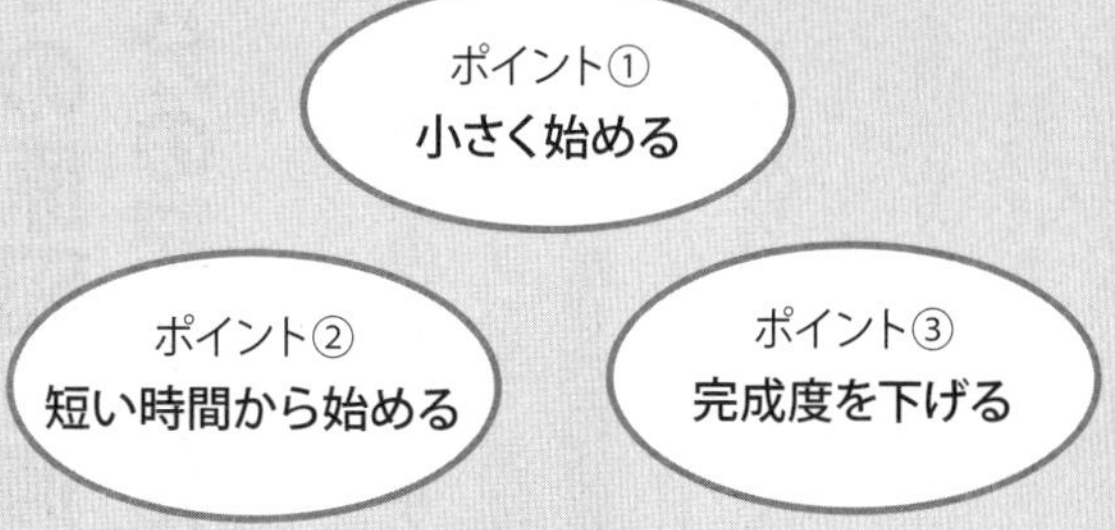
ポイント①
小さく始める
ポイント②
短い時間から始める
ポイント③
完成度を下げる

前述のホームページの例でいえば、「30分だけやってみて、気が乗れば引き続き進めてもいいし、他の業務がやりたいと思えば、そっちに着手する」と決めて動きます。

三つ目は**「完成度を下げる」**です。これは完成度に対するハードルを下げる考え方です。

例えば、上司が「早く取り掛かれ」と指示しても、「情報を全部得てないので、まだできない」と返す人がいます。

何事も完璧にしようと思うあまり、慎重すぎる対応になってしまうのが行動力のない人の特徴です。70％の完成度でいい。未完のもので走りながら改善するくらいに考え、まず着手する習慣が大切です。

7つの原因〈個人〉

③自分の記憶力を過信する

◉思い出す時間の無駄を省く

仕事を覚えるにあたり、先輩に教えてもらったことをメモにとった。でも、**1か月後にメモを見ても、なぜこの文章が書いてあるのかわからない。**

ミーティングでメモをとったけど、**しばらく経ってからその単語を見ても、書いた理由を思い出せない。**

こういった経験は、誰もがしていると思います。

特別な過ごし方をしていない限り、１週間前の自分の食事や服装、行動を１００％答えられる人は、ほとんどいないはずです。

それくらい記憶というのは瞬時に失われやすく、曖昧なものに変わります。

忘却のメカニズムを表す研究では、ドイツの心理学者のヘルマン・エビングハウスが検証した「エビングハウスの忘却曲線」が有名です。

人の脳は一度学習したことを1時間後には56％を忘れ、1週間後には77％を忘れるという調査結果で、人間の脳がいかに忘れやすいのかを表しています。

ただし、エビングハウスの忘却曲線の数字は、一度学習したことに関する記憶と時間の関係であって、例えば三度繰り返し学習したことは3か月経っても2割しか忘れていません。**「一定期間」「複数回」ふれることにより、忘れにくくなる**わけです。

1週間後には77％を忘れてしまう――、この衝撃的なデータを一度は耳にしていたとしても、ミーティングでは安易な先延ばしがよく行われます。「今日話し合った内容の続きは10日後にAさんと打ち合わせをして決めます」といった具合に……。

その後、職場にはさまざまな出来事が起こります。記憶が77％超は失われた状態の10日後にメンバーが集まり、再度話し合いをすると、どんな会話になるでしょうか。

「どこまで決めたんだっけ？」

「そもそも、なんでこの業務をすることになったのかな？」

みんながうろ覚えの状態で進めるミーティングは当然、精度が悪く、その後に決める計画の質にも影響します。結果的に実行力と成果が下がる要因となるのです。

下がるのは記憶力だけではありません。職場に戻り、日常業務を行う中、ミーティングで決めたことの重要性やモチベーション、優先順位もどんどん下がっていきます。

「ミーティングで決めたことを実行しよう」という気持ちが一番強いのは、ミーティングが終わった直後です。記憶やモチベーションの鮮度を最大限に生かし、計画を遂行するための第一歩に適したタイミングは、**「今この瞬間」**なのです。

◉同じ30分でもタイミングによって価値や精度が大きく変わる

記憶の鮮度や瞬間的なやる気を実行に向けて最大活用する方法は、今この瞬間を大切にすることです。

51ページでも述べたようにミーティングが終わった直後の30分と、1週間後の30分。時間にすれば同じですが、ここまでの話で、必要情報の記憶や取り組むモチベーションレベル、優先順位がまったく違うことは理解いただけたと思います。なので僕はミーティング後の個々のモチベーションには頼らないように考えています。

会話も、ミーティング直後に30分話す内容は、1週間後に4倍の2時間思い出しながら話す内容に匹敵するほどの価値があると僕は考えています。

つまり、**同じ30分でも、使うタイミングによって価値や実行力に対するスピードと結果は格段に変わってくる**のです。

ミーティングでいろいろな失敗と成功を何度も経験している僕は、時間対効果が悪くなる安易な解散はしません。

(!) 記憶の鮮度がいいうちに、できる限り計画を立ててから解散する

▼最後にコレが出たら危険！　要注意ワード

「進め方の詳細は後で考えます」「空いている時間を見つけて」

「隙間時間を見つけて必要なタスクをスケジューリングします」

ミーティングの最後にこういったキーワードで解散したチームや個人は決まって実行力とスピードが低い傾向にあります。

「後で」ではなく「今」、いろいろ決めてから解散しましょう。

7つの原因〈個人〉

④「考える」「決める」の負荷が大きい

◉「考える」「決める」「実行」を分ければ早く行動できる

あなた宛てに取引先から長文のメールが届いたとします。
（今ちょっと忙しいんだよな。よく読むと緊急性のある内容でもないし……）。

そんなとき、あなたは「今すぐ」返信するタイプですか？
それとも「とりあえず後で」にするタイプですか？

1、2分で返信できないメールだと判断すれば、後回しにする人が多いと思います。
ここで伝えたいのは、後回しが悪いということではありません。人には、次のような無意識の習性があるということです。

・緊急性が同じレベルであれば取り掛かりやすい目の前の単純作業を優先する
・重要で大掛かりな仕事は「面倒だな」と感じ、後回しにする

「考える」「決める」という作業には労力と時間を要するためストレスがかかります。できれば避けたいし、何も考えずに行動できるもののほうが、気楽に実行できます。こうした心理から、積極的にする気にならない〝重い仕事の後回し〟は起きます。

ミーティングでも「実行できなかった」部分を分析すると「考える・決める」で止まってしまったケースが大半です。

つまり、実行できないのは、行動できないのではなく「考える・決める」で止まっていたからです。

こうしたリスクを回避するには、「考える・決める」と「何も考えず行動できる」を、「ミーティング中」と「ミーティング後」に分けて設計することです。

◉ミーティング中に「考え」「決め」、解散後は「行動」に集中させる

「実行計画を考える」「大事なことを決める」という部分をミーティング解散後に、各担当者が忙しい定型業務などと並行して実行するのは、難易度の高いことです。

また、「決める」は、リーダーの承認が必要な場合も多いでしょう。

そこで僕は、ストレス・時間・労力のかかる「考える」「決める」は、ミーティングの中で完結させる設計にしています。

情報が鮮明なうちに集中して考え、その場でリーダーに確認する――。

「考える・決める」という面倒な作業を、**記憶・やる気・優先順位の高いうちに、そのままの勢いで精度高くやり切る**のです。

ミーティング解散後に個人に任されていたそういった重いタスクを、その場でなくしてしまえば、現場に戻ってからの負荷は軽減されます。

「決めたことを実行するだけ」になりますから、行動に集中できるわけです。

冒頭の「取引先から届いた長文メールへの対応」に置き換えるならば、

取引先から届いた長文メールの対応であれば…

▼ミーティング中

①文面を考える（→みんなであれこれ吟味）

②文面を最終決定する（→リーダーの了承をとる）

▼ミーティング解散後

③返信する（→現場に戻って①の文章を入力、送信するだけ）

「すぐ返信しておいてね」で済ませていませんか？
①と②をミーティング中にやり切って解散を！

①返信内容を考える
②リーダーに了承をとり返信内容決定

ここまでがミーティング中で決まります。

そしてミーティング解散後、
③決めた内容を打ち込み返信するだけ

という作業を職場に戻ってやるだけなので、スピーディーですよね。

負荷のかかることを個人任せにせず、可能な限りミーティングで決め、後は「実行あるのみ」の状況を作る――、これが実行力を高めるポイントの1つです。

7つの原因〈組織〉

⑤定型業務とのせめぎ合いが生じている

◉仕事の優先順位がリーダーとズレたときの末路

57ページで触れたように、仕事には次の3つの種類があります。

①定型業務（日々のルーティンワーク）
②経験上、予想できる今後の新たな仕事
③今までの予想を超えた新たな仕事

日ごろ、こんな会話になることはありませんか。

リーダー「先日のミーティングで決めたＡの仕事の進捗はどう？」
部下「今、急に依頼を受けたＢに取り掛かっていて、Ａが止まっています……」
リーダー「そのＢの仕事よりＡの仕事が優先に決まってるじゃないか！」

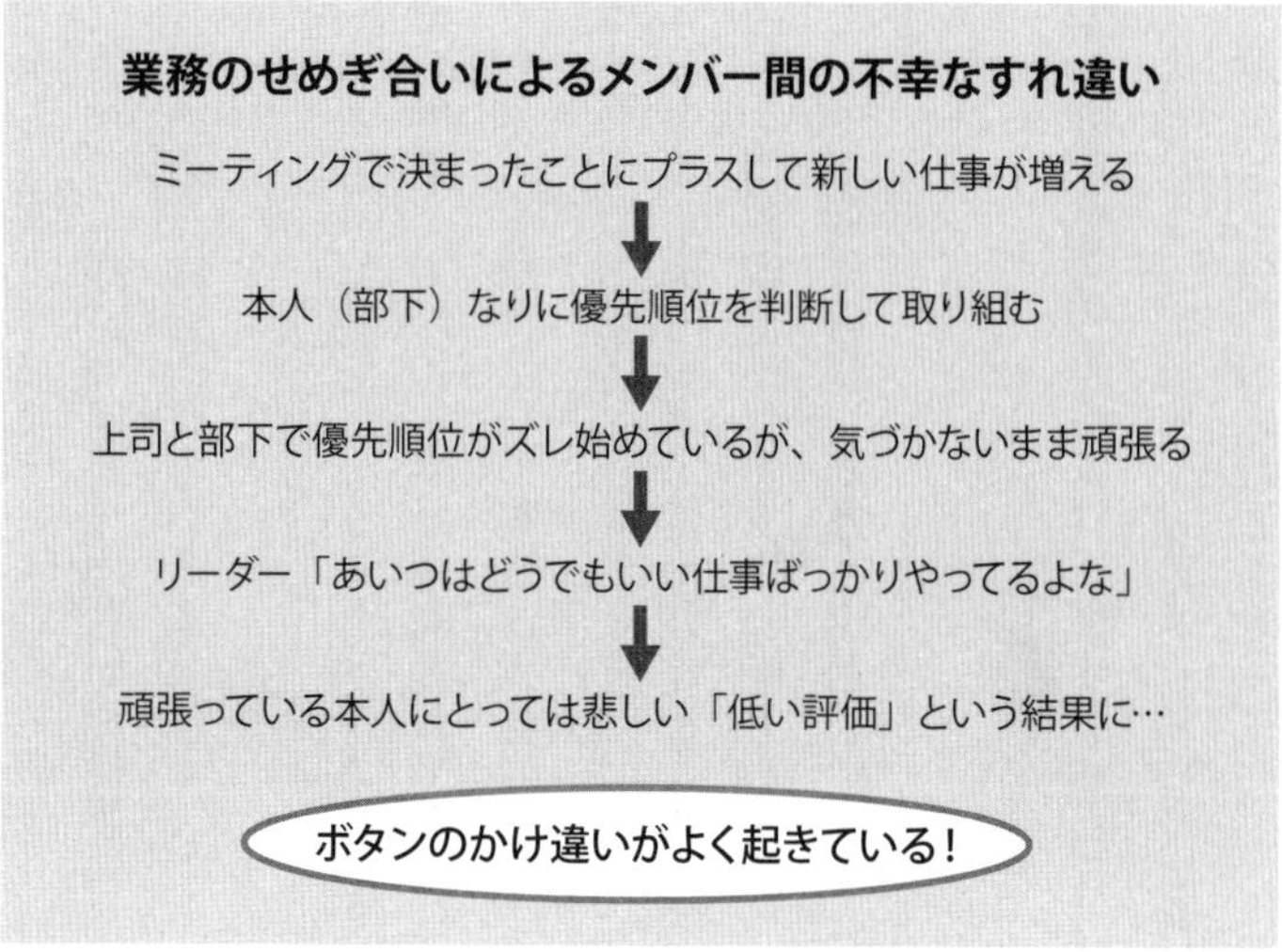
業務のせめぎ合いによるメンバー間の不幸なすれ違い
ミーティングで決まったことにプラスして新しい仕事が増える
本人（部下）なりに優先順位を判断して取り組む
上司と部下で優先順位がズレ始めているが、気づかないまま頑張る
リーダー「あいつはどうでもいい仕事ばっかりやってるよな」
頑張っている本人にとっては悲しい「低い評価」という結果に…
ボタンのかけ違いがよく起きている！

部下「……」

仕事に優先順位を付けて取り組む。しかし、**新しい仕事が増えてくる中で、適正に判断できなくなる**――。これも決まったことが実行できない理由の1つです。

単に「ミーティングで決めたAの仕事を優先せよ」と言っているわけではありません。本人だけだと優先順位を見誤るリスクがあること。そしてリーダーと認識がズレたまま頑張っても適正に評価されないリスクもあるということです。

リーダーと部下で優先順位のズレは起きます。このズレに気づかずに、あるいはズレを修正することなく時間が経過すると、どうなるか――。

リーダー「**あいつはどうでもいい仕事ばかりやっている**」

このように頑張っている本人にとって悲しいすれ違いがよく起きているのです。

様々な人と協力しながら仕事を進めるチームには、こういった優先順位のズレがつきものです。また、仕事は傾向としてどんどん増えていきます。

だから、次の2つの視点が大切になります。

- **ミーティングで決めたことと定型業務の優先順位をリーダーと共有する**
- **優先順位がリーダーとメンバー間でずれてしまうリスクを踏まえて、お互い定期的に確認しながら進めていく**

◉生産性を高めるより、まず「やらないこと」を決める

企業によっては、生産性を高めることに躍起になっているケースもあります。

そのこと自体否定はしません。

しかし、僕の経験上、生産性が上がっても、仕事が減ることはありません。空いた時間に別の仕事が入ってきます。

僕のクライアント先には、生産性を高めるのをあきらめて、逆に「やらないことを決める」方向に舵を切った企業があります。

その会社は創業60年以上の印刷会社で、定型業務がたくさんありました。「これって本当に重要なのか?」「アプリやシステムで統一できないか?」「一度止めてみて必要なら戻そう」と定型業務を止めたり見直したりしたのです。

「やらないことを決めるミーティング」を実施して優先順位の高い仕事に取り組んだ結果、同社の実行力は上がり、業績も伸びています。

優先順位を付けるということは、究極「やらないことを決める」ということでもあります。

7つの原因〈組織〉

⑥決めた内容がフワッとしている

◉イメージ共有が「無駄なやり直し」を軽減する

価値観や個性が1人ひとり違うように、イメージする内容も人によって異なります。

一口に「車をイメージしてください」と言われて、頭に描く車種が人によって違うように、「この仕事をできるだけ早めに」と言われても、その人の置かれている状況やその仕事に対する重要度の解釈も変わるため、期日のイメージも異なります。

ミーティングでも普段の仕事でも、**定期的に話し合ってイメージのすり合わせをしないでいると「無駄なやり直し」が起きます。**

例えば、ミーティングで任された仕事が「自社のホームページのマップを、もっとわかりやすいものに修正する」という少し抽象的なものだった場合。

イメージをすり合わせず自分なりに時間を確保して、いろいろ調べ、これがベストだと思うものを期日5日間を守って作成し、リーダーに見せたとします。

リーダー「まだなんかわかりづらいなぁ。X社のマップを参考にしたらどうかな？」

部下「……（**イメージが決まっているなら最初から言ってほしいよ！**忙しいなか、せっかく作ったのに）」

部下のモチベーションは当然下がり、同時にやり直しへの実行スピードも下がっていく展開になります。

◉他人（リーダー）とは早い段階で共有する

僕はミーティングで各自が任される仕事が決まった段階で時間を取り、ミーティング中にイメージのすり合わせをしてもらいます。今回のケースなら、
部下「マップの修正について、ざっと今、見た中で、**自分はこの会社のホームページのマップをイメージしているのですが、合っていますか？**」
上司「その会社よりもX社のほうがわかりやすいんじゃないか」

部下「わかりました！　じゃあ、そっちのほうで作ってみます」

こんなやり取りなら15分ぐらいで十分できます。

5日間かけてマップを作り、ダメ出しされてやる気を失いイライラし、やり直しに労力・時間をかけることを考えると、今、15分話すほうが断然価値は高いはずです。

リーダーなど意思決定者が絡んで進めていく作業は、ミーティングの場で簡単な方向性を確認しておくと、実行力が高まるだけでなく、スピードも成果も変わります。

◉定期的な共有で日々の変化に対応

この事例でいうと、イメージの共有はデザインだけでなく、仕事全般のズレの修正にも効果を発揮します。例えば、

部下「この仕事を○月○日までに終わらせると想定して、この4つの順番で進めていこうと思います」

リーダー「いや、この仕事はすごく重要だから、もっと早い期日にしてほしいんだけどなぁ。せめて△日までに完成させてほしいな」

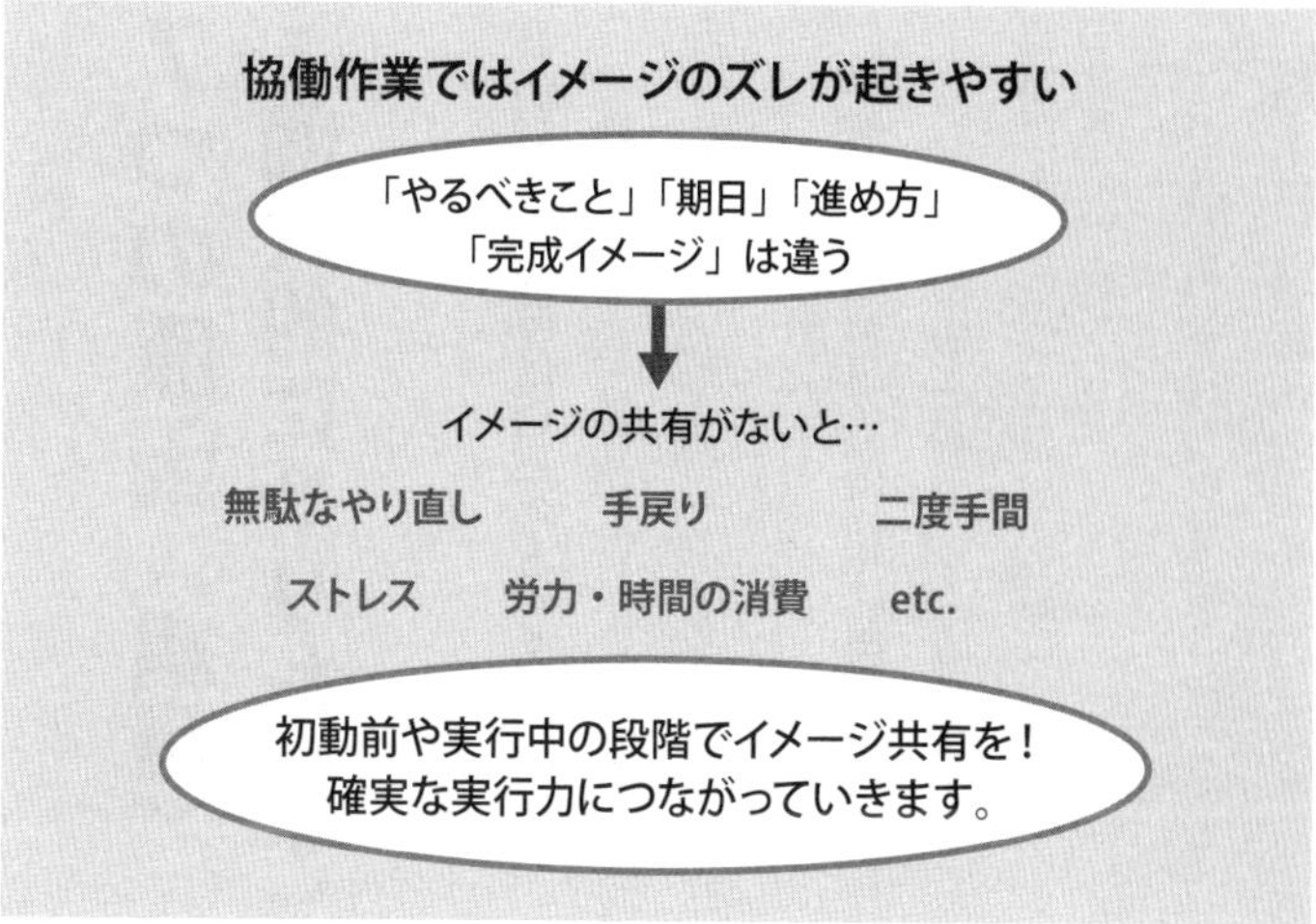
協働作業ではイメージのズレが起きやすい
「やるべきこと」「期日」「進め方」
「完成イメージ」は違う
イメージの共有がないと…
無駄なやり直し
手戻り
二度手間
ストレス
労力・時間の消費
etc.
初動前や実行中の段階でイメージ共有を！
確実な実行力につながっていきます。

というふうに、リーダーと部下が計画する期日や進め方が異なることが多いので、**ズレを適宜修正する必要がある**のです。

これは「リーダーの希望は絶対。黙ってやりなさい」という意味ではありません。仕事の状況は日々変化します。自分の持っているイメージや情報（仕事量・内容）を早い段階で定期的に公開・共有して、やり直しの無駄を省くことが大切なのです。

そして、方向性が決まったら、まず実行します。進めていく中で不具合があれば、定期的なミーティングや個別の相談で確認しましょう。

7つの原因〈組織〉
⑦個人的にやりたいことではない

◉自分の行動は自分で決めたい

組織で任される仕事は、必ずしも自分が自由に決定できるものではありません。むしろ、自分が好んで選んでいない仕事のほうが多いでしょう。

しかし**人は自分の行動は自分で決めたい**という欲求を持っています。

もちろん報酬を得ているので与えられた仕事をやろうとは思いますが、自身の裁量で自由に選べないことは実行にブレーキがかかりやすくなります。

この場合の実行力を高める取り組み方として**「捉え方」を自ら変える**方法があります。

例えば、総務部の指示で、まったく興味のない財務の勉強をするよう指示を受け、モ

チベーションが上がらないまま研修を受講するようなときは、

「この研修で学んだスキルを自分が身に付けると数字に強くなれる」

「財務のスキルを身に付けて業務で活用したら今より給料が上がるかも！」

「なぜ総務部は今回この研修を自分に？　どんなことを期待して？」

などと考えるようにします。

財務研修に参加することを「総務部に言われたから、しぶしぶ……」ではなく、自分のメリットを踏まえて「自らの意思によって前向きに参加」という展開に変えてしまう。

どう捉えるかで、研修への「取り組み方」やその後の「講義内容の活かし方」は変わってくるはずです。

学ぶテーマを自分で選ぶ権利がなかったとしても、研修への捉え方・取り組み方は本人の自由に委ねられています。

あらゆるところから「選択できる自由」を積極的に見つけ出し、それをゲーム感覚で楽しむという考え方も一案です。

◉ミーティングで主体性を引き出す

矢本流ミーティングは、「本人が考えて決められる余白」、つまり「自由に選択できる部分」を設計して、本人の主体性を引き出す次のような工夫をしています。

・「自分のできること」を考えて提案してもらう

組織の問題について、「自分がリーダーだったら、どんな解決策を考えるだろう？」「課題解決のために自分ができることがあるとしたら、なんだろう？」と、自分事として考える視点を重視しています。

提案内容が採用されるかどうかは別問題として、解決策を受け身で待つのではなく、自分で主体的に考えてみるのです。

たくさんのアイデア・解決策の中から、自分のアイデアが採用され、みんなで協力して実行することになれば嬉しく、自信も付くはず。さらに主体性は高まるでしょう。

・投票することで決定のプロセスに関わってもらう

メンバー全員から集めたアイデア・解決策を整理して、「自分がリーダーだったら、どれを選ぶか？」という視点で各自が考えて、全員が投票する。その結果を考慮して最後にリーダーが決定する、というプロセスもあります。

「リーダーが勝手に決めた」ではなく、「みんなで決めた」では、理解度や納得感も変わり、自分たちで決めた解決策は当然、成功させたい気持ちになります。

● **行動計画は自分で選択・提案してもらう**

課題に対する解決策が決まり、そのミッション遂行を自分が管理することになったとします。その場合、「期日をいつに設定するのか？」「どんなスケジュールで進めていくのか？」という行動計画は、自分または一緒に遂行する仲間と決めていきます。

リーダーが1から10まで指示をし、自分たちは何も考えずに受け身で実行していくのでは当然、主体性も楽しみも生まれません。

前述しましたが、人には「自分の行動は自分が決めたい」という基本的欲求があります。それを活用し、「自分たちの行動スケジュールは自分たちで考えて決めて、各自、

「責任感を持って実行してね」を暗黙のルールにして、自分たちで自由に決められる余白を作り、主体性と責任感を引き出して実行してもらいます。

●「計画」を発表してもらう

第5章でも触れますが、心理学で「パブリック・コミットメント」というものがあります。日本語で**「公開宣伝効果」**と訳されています。周囲の人に自分の目標を宣言することで、達成率が高くなることをいいます。

管理者として決まったミッション達成のスケジュールを決め、ミーティングの最後に**「△△の内容を○○の計画で自分たちは進めていきます！」**と、みんなの前で発表（宣言）することで主体性を引き出していきます。

●軌道修正の計画は自分で決めてもらう

ミーティング解散後は管理者（2名）ごとに実行していきます。おそらく最初は予定通り進まないことのほうが多いかもしれません。

「できなかった」「1回実行したけど、そのまま」にならないように後日、軌道修正の

各自の主体性をこうして引き出す！

「自分のできること」を
自ら考えて提案してもらう

投票することで
決定のプロセスに関わらせる

行動計画は
自分たちで選択・提案してもらう

自分の言葉で
「計画」を発表してもらう

軌道修正の計画は
まず自分たちで決めてもらう

ミーティングを行うのですが、そこでも**「期日やスケジュール、進め方をどう修正するのか?」**は、まず本人たちに自由に決められる余白を与え、委ねます。

本人たちから出てきた修正案をリーダーとすり合わせをして、チームとしての方向性を一致させていきます。

ここでも「すべてリーダーが判断する」のではなく、まず「自分たちで主体的に考える」ことが第一歩になります。

このように**自分たちの業務の中で自由に決められる範囲、つまり〝余白〟を明確に作ることで、単なる「与えられた仕事」から「自分たちで創造していく仕事」に変えて、楽しみを見い出しながら進めてもらう**のです。

次は再び、話題をアイデアの出し方に戻します。ここから先は特に「即、実行力アップ!」につながるアイデアや解決策の出し方に重点を置いて進めていきます。

事例

72時間ルールを実践することで見学や取材が絶えないトップランナーに

（山形県・医療法人社団みつわ会）

●理想の施設をイメージして地道に社員研修&ミーティング

左から通所部門管理部長の小林さん、僕、事務部長の佐藤さん、事務係長の榎本さん。

以前の同社は典型的なトップダウンの組織で、言われたことは実行しても、自分たちで何かを考え出すことはできない集団だったと話すのは、医療法人社団みつわ会・事務部長の佐藤さん。

「いずれカリスマ創業者から世代交代していくであろう流れの中、『この先このままで大丈夫なのか？』という不安を感じていました」

僕のミーティングやマネジメントの研修を受ける中で、スタッフが自分の個性を発揮して働き、さらに施設の利用者さんも「お世話をされる立場」ではなく、その人が持っている価値を社会に提供でき、生き生きと輝いて生きている——、そんな施設を目指したい気持ちが湧いてきたそうです。

佐藤さんが**まず実行したのは「72時間ルール」の徹底**でした。さらに、研修で学んだ内容をそのまま若きリーダー候補に社内研修として実践。

「社員みんなが自発的に働く集団になることを目指し、研修とミーティングを根気よく繰り返しました」

●ミーティングでユニークなアイデアが続々。考動できる集団に

ほどなくして、佐藤さんは職場の変化を感じることになります。

「スタッフが自ら考動し、面白いイベントを開催したり、新たな施設を設立したり……（次ページ表参照）。こんなにいろいろなことができるなんて、７年前は想像もできませんでした」

こうした同社スタッフの取り組みは評判を呼び、以来、同業界からの見学やマスコミからの取材が絶えない「医療・介護・福祉施設のトップランナー」として注目を集めています。

「今後もスタッフと日々のミーティングを通じて知恵を出し合い、実行していくことで、スタッフ・利用者さんやそのご家族・地元の人たちの『三方よし』で、〝輝く・お役に立つ・喜ばれる施設〟を目指して進化していきたいです」

定期的にサポートしている社員研修時の様子

同社スタッフによるユニークな取り組みの例

●バウ・リニューアル（２度目の結婚式）

デイサービスを利用するご夫婦が、改めてお互いの感謝を伝え合う誓いの儀式「バウ・リニューアル（２度目の結婚式）」を開催。デイサービス看護スタッフが、「利用者にウエディングドレスを着せてあげたい」とドレスを購入したことがきっかけで始まりました。他業種から転職してきた介護職員たちが、以前の仕事スキル（ネイル・メイク・イラスト描き・歌唱など）を活かして、プロの手を借りず、すべて手作りで式の準備・進行を実行。今では施設を利用する高齢者や障がいのある人たちがサポートする一大イベントに。

●障がい者支援ホームでの成人式

脳腫瘍で17歳から寝たきりになった女の子の母親が、「自分が成人式で着た着物を娘に着せたかった」と呟いたのを聞いたスタッフが、施設内で手作りの成人式を計画。10歳になっていた妹さんも、７歳の七五三ができなかったことを知り「妹さんの1/2成人式」も兼ねた式にして、学生時代の友人や恩師・病院の医師・看護師たちも参加し、素敵なイベントが実施できました。

現在は、このイベントをメディアで知った地元の老舗呉服店から着物の寄贈を受け、町内会も巻き込むイベントに発展しています。

●障がい者が活躍するカフェオープン

「県内初の複合型福祉施設と障がい者が活躍するカフェオープン」2022年、障がいのある人たちが「かっこよく働く場」をコンセプトにした「のぞみカフェ」と、法律や制度によって分断されてしまう３つの福祉サービスをひとつの建物内で提供できる県内初の複合型福祉施設が誕生。カフェでは地元の有名な飲食店や農家、アーティストとコラボして商品を提供しており、普段施設と関係ない地元の人たちとの架け橋となることを目指しているそうです。

第2章　まとめ

実行できない原因（①～⑦）と基本対策のあらまし

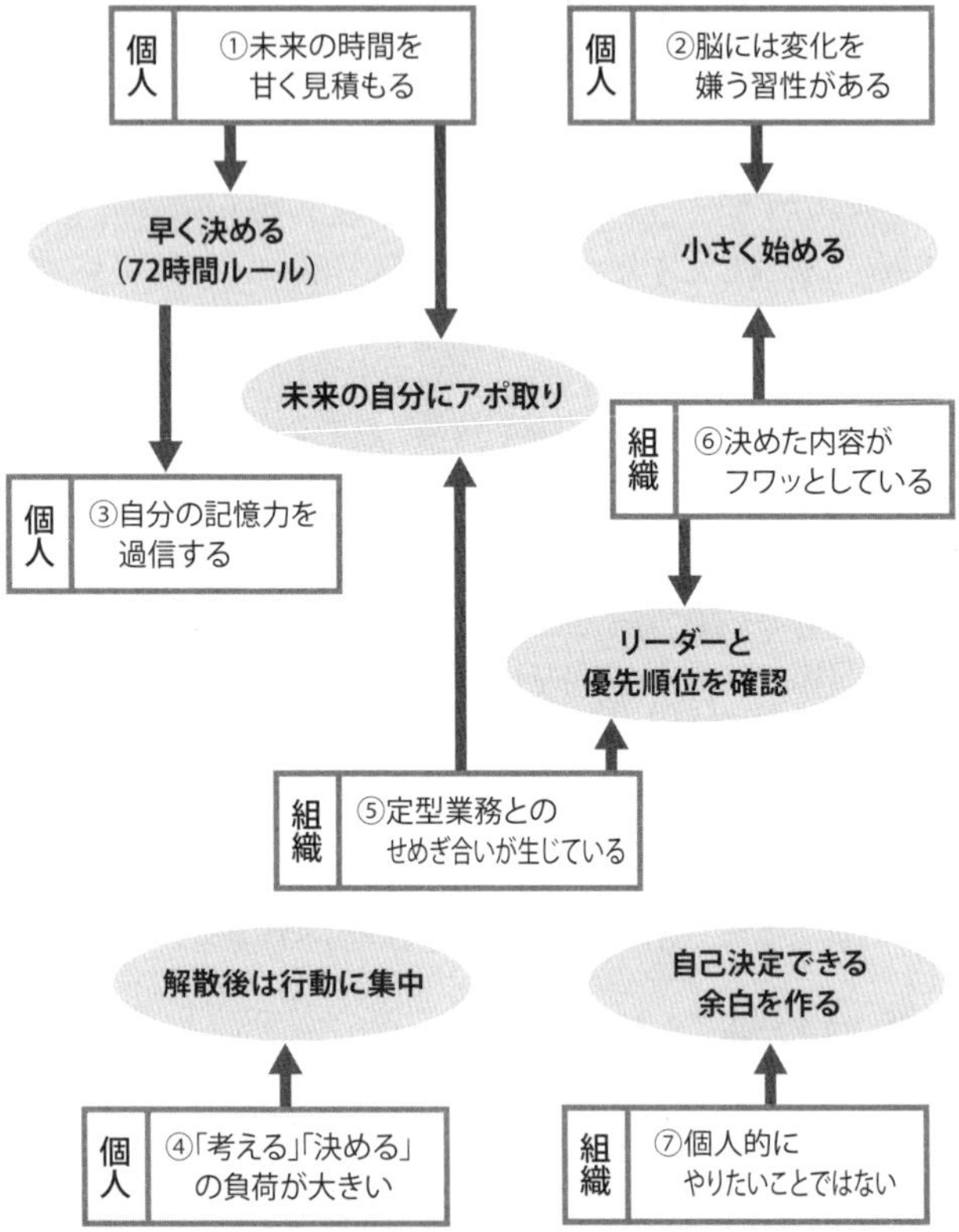
個人
①未来の時間を甘く見積もる
個人
②脳には変化を嫌う習性がある
早く決める（72時間ルール）
小さく始める
未来の自分にアポ取り
組織
⑥決めた内容がフワッとしている
個人
③自分の記憶力を過信する
リーダーと優先順位を確認
組織
⑤定型業務とのせめぎ合いが生じている
解散後は行動に集中
自己決定できる余白を作る
個人
④「考える」「決める」の負荷が大きい
組織
⑦個人的にやりたいことではない

自分のチームが実行できない原因を分析して
組織として対応することが重要！

第 3 章

基本ミーティング ステップ 1
アイデア・解決策を集める

成果が出ない会社によくある「会話のパターン」

◉〝心の溝〟ができる話し合いになっていませんか？

ここからは基本ミーティングのステップ1「アイデア・解決策を結集する」です。

ミーティングには、成果の出やすいパターンと出にくいパターンが存在します。


「会話にパターンなんてあるの？」と思った人もいるかもしれませんね。

はい。自分たちでは自覚していないことが多いですが、会社ごとに特有のパターンが存在するのです。

成果が出ないのは従業員の能力の問題ではなく、パターンが悪いのです。

代表的な例を表に示しましたが、このような癖を持つケースは「成果の出にくいパターン」の典型です。

企業ごとに「会話の“悪い”パターン」がある

- いつも同じ人だけがしゃべっている
- いつも同じ人にだけに意見を求める（そして褒める）
- 若手から発言がない
- 新しいアイデアが出ても、できない理由を挙げて潰されてしまう
- 発言内容のレベルが低いとみなされると上位の人が怒り始める
- 上位の人など特定の人が話の腰を折り、話を最後まで聴かない
- 結論を先延ばしにして何も決めない（決まらない）

「コミュニケーション不足だから会話が大切」「話すことで活路が見出せる」と言っても、正直これでは何度ミーティングで話し合っても何も変わりません。

むしろ〝心の溝〟がさらにできていき、やればやるほど逆効果にもなり得ます。

でも、諦めたりメンバーを代える必要はありません。パターンは変えることができます。良いパターンを繰り返すことで定着させることができます。

ミーティングでは「未来視点」で話し合いを

◉「なぜ？」と質問するのをやめる

では成果の出るパターンに変えるためにはどうすればいいのか。

良い方向に変えていくために大切なのは「**適切な質問**」で**みんなの視点を変えること**です。質問は、相手の思考パターンを変える大きな力があります。

質問には大きく分けて、**過去視点**と**未来視点**があります。まず**過去視点の質問**とは、

「**なんで**このクレームが発生したんだ？」

「**どうして**今月の売上が悪いんだ？」

起きてしまった過去について、あれこれ問いただす質問が過去視点の質問です。このように「**なぜ？**」と過去視点で質問をすると、

「お客様の誤解で……」
「他部署の納品ミスで……」
「物価高で景気が悪くて……」
「業界全体が下がり調子で……」

といった言い訳じみた反応となります。しかし、上司がダメな理由を質問しているわけですから、返答としては正当な側面もあります。

しかし、「なぜ？」の質問を繰り返していくと、部下も責任追及をされていると感じ、無意識に防衛本能が発動したり、自尊心を傷つけられることもあります。

一般的に「すべて私が悪いです」と認めて評価を下げたい部下はいないので、「周りの環境のせいであり、自分は悪くない」と被害者になることで逃れようとすることでしょう。

そんな姿勢を見て、上司はさらに怒るという、**成果の出ない悪循環パターンに無駄な時間をかけているチームが非常に多い**のです。

ダメな理由を導き出す分析そのものに価値はありません。本来、分析をする意味は、より良い対策を打つため、つまり「未来に向けての解決策」を話し合うためです。

僕のミーティングでは、原則として過去視点の質問や話をしません。適切に事実だけ見極める分析は難易度が高く、詰問（相手を責める質問）になりがちだからです。

ミーティングをやる目的は、部下のモチベーションを下げることでも、犯人探しをして誰かを吊るし上げることでも、責任のなすり付け合いをして最悪のチームを作ることでもありません。忙しい中、わざわざ集まる目的はただ1つ、コレです。

過去にとらわれず、周りのせいにせず、自らの考動で希望ある未来を創造する

◉未来視点にするための質問のキーワード「今後は？」

未来視点での効果的な質問は「**今後、どうするか？**」です。例えば、

「商品Zのクレームがきた。経緯は○○で起きた。考えられる原因は□□だと思う」

と事実や状況を共有したうえで、

「**今後**、同じクレームが起きないようにするために、何を改善したらよいだろう？」

という質問を参加者に投げかけます。「なんで？　誰が原因？」という質問するときとは、

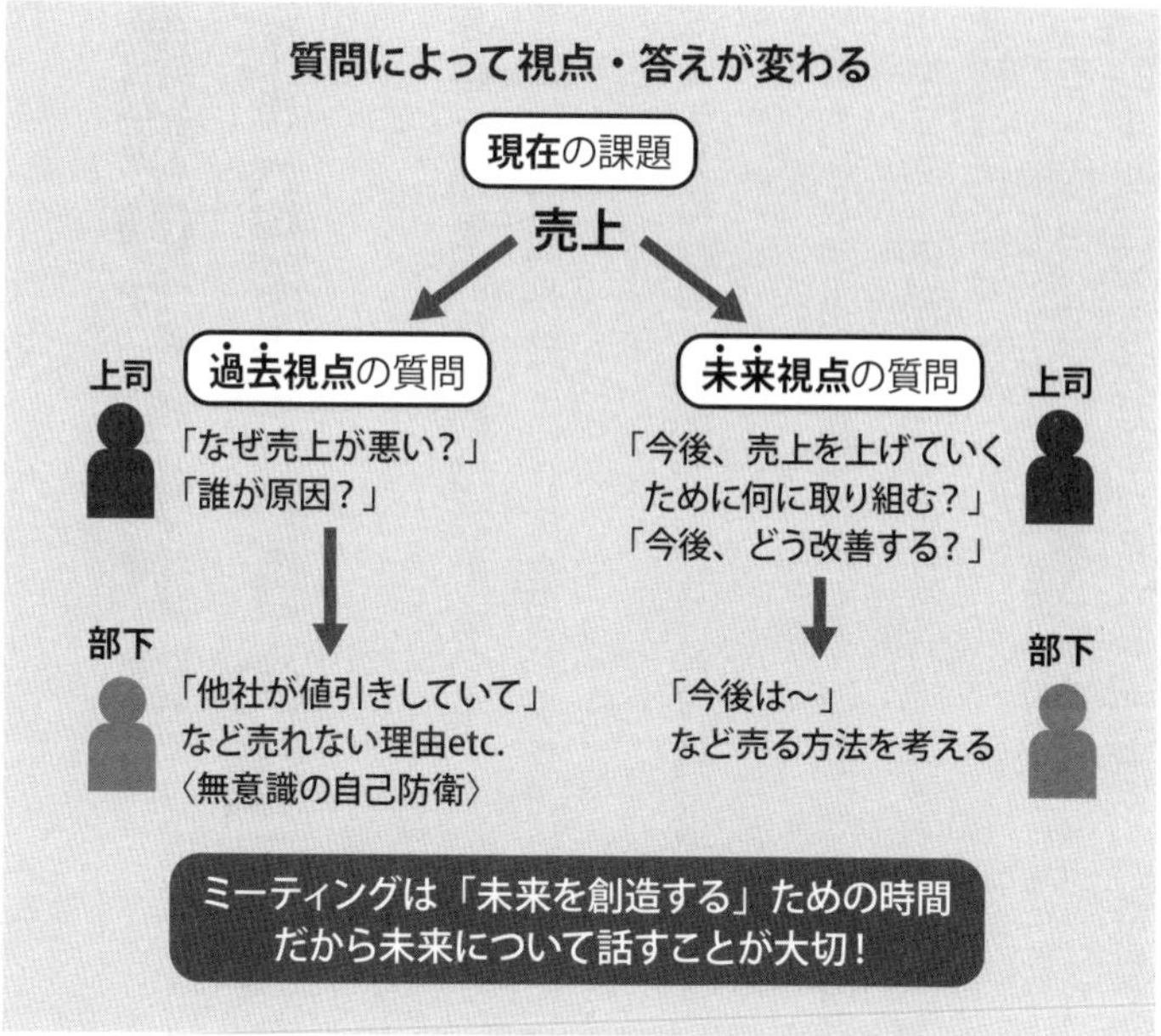
質問によって視点・答えが変わる
現在の課題
売上
過去視点の質問
未来視点の質問
上司
「なぜ売上が悪い？」
「誰が原因？」
上司
「今後、売上を上げていく
ために何に取り組む？」
「今後、どう改善する？」
部下
「他社が値引きしていて」
など売れない理由etc.
〈無意識の自己防衛〉
部下
「今後は～」
など売る方法を考える
ミーティングは「未来を創造する」ための時間
だから未来について話すことが大切！

明らかに答えが変わります。

「なぜ？」という質問は話し合っている【現在】から見ると【過去】に向いた質問です。

「今後は？」という質問は【未来】に向いての話です。

あなたの質問の視点がどっちに向いているかで、部下の思考パターンは自動的に変わってきます。

部下が前向きな発言をできるかどうかは、実は部下の能力の問題ではなく、リーダーの質問の質の問題でもあるのです。

最強のアイデアはWe canとI canの組み合わせ

◉特に効果的な質問はこの2つ！

様々な質問を多くのクライアント企業にしてきた中で、効果的な質問が２つあります。

①半年後の目標達成のために今後、みんなで何に取り組んでいけばよいか？

ポイントは「**みんなで**」です。「誰がやるかは別として、こんな方法があるかも！」といった、組織全体で解決できる方法や可能性をたくさん引き出すための質問になります。

「できる・できない」を勝手に判断するのではなく、あらゆる可能性や選択肢を柔軟に広げて、「考える力の育成」につなげていきます。

閉塞感のあるチームには、「希望がない」と思い込んでいる共通点があります。人の心が折れるときとは、今が辛いからではなく、未来への希望が見えないときです。「この状態がずっと続くのか……」「これ以上は、もう無理そうだな……」本人がそう判断し、**未来を悲観したとき、人の心は折れる**のです。ちなみに、社員の退職理由なども、最終的にはそこにいきつきます。

だからこそ、ミーティングでは、**「未来へたくさん希望（解決策）を持つこと」が必要**になります。

1人では解決できそうもない問題を、チーム全体の可能性で考えることで、未来の可能性がたくさんあることに気づいてもらう。勝手に無理だと決めつける〝狭い思考の枠〟を広げることが目的でもあります。

②半年後の目標達成のために今後、自分（自部門）が新たに協力できることは？

ポイントは「**自分（自部門）が**」です。①の質問はみんなでできることの可能性でしたが、これは自分（自部門）ができることの選択肢となり、視点が異なります。誰かに依存して解決してもらうのではなく、本人の主体性や覚悟を引き出す質問です。

ここで印刷会社の「売上&利益率アップのミーティング」を例に説明していきます。
営業「製造部門がもっと短納期に対応してくれたら」
製造「制作部門が流行している動画を作成できるようになれば」
制作「営業がもっと納期に余裕のある利益率の高い仕事を獲得すれば」

確かに各部署で解決策や提案が出ていますが、良い雰囲気とはいえませんし、まとまりそうな気もしません。

何が問題かというと、**みんな「よその部門が頑張ってくれれば」という解決策しか出していない**からです。

「自分たちはこのままでいい（＝変わりたくない）」
という**他人依存型の状態**。これでは何度話し合っても効果はないでしょう。

この印刷会社に欠けているのは「解決のために自分たちも協力する！」という主体的な思考パターンで、それを引き出す質問が、「自分（または自分の部門）が新たにできることは何ですか？」になります。

もし同じ部門内でミーティングした場合、「自分ができることは？」に質問が変わります。

他人依存型の状態に気づき解決するには、自分や「自部門が問題解決に向けて積極的にサポートする」という主体的な思考パターンを育むことが大切です。

問題や課題に対し「自分たちのできること」を常に考え、それをミーティングで発言できるようになれば、他責にせず自らが動くようになります。

すなわち、主体的に考え、実行し、解決していく「最強の組織」に向かっていくのです。

この2つの質問を矢本流ミーティングでは意識的にするのがポイントの1つですが、この次の段階として、「**それぞれの質問に対するアイデア・解決策を付箋に書く**」という作業を行うのが基本フローです。

この「付箋に書く」ときの僕のおすすめは「**3分で3案以上、提案する**」になります。

確実な実行力につながるアイデアの出し方

◉抽象的なアイデアは同意を得られやすいが実行につながらない

アイデア・解決策は、出し方によって実行につながりにくくなるものがあります。

ずばり言うと、**抽象的な表現のアイデアはマイナスに作用しがちです。**

抽象的な表現は、受け手によって解釈の幅が広がるメリットがある反面、「個々の価値観によってイメージや判断が変わる」というデメリットもあります。

特に、**複数のメンバーを短い時間でまとめたい場合、ご法度です。**

抽象的な表現がマイナスに作用する要因は2つ。

1つ目は、**受け手が考えたり決めることが多すぎてスムーズに実行できないこと。**

例えば、あなたが上司から「明日のランチミーティングのお弁当、いい感じのやつで注文しておいて」と指示されたらどうでしょうか。

「いい感じって何?」「誰にとって?」「ジャンルの希望はあるの?」「重視するのはボリューム? 質?」「予算は?」「1種類でいいの? 選択できるように何種類もあったほうが喜ばれるの?」「メンバーはどんな人?」「いつまでに?」「数は?」

考えたり決めることが多い仕事は、「面倒だな」と後回しになる確率が高まります。

2つ目は、**メンバー同士でイメージの共有が簡単にできないため、何をすればいいのかわからないこと。**これも問題です。

例えば、営業部門と制作部門の仲の悪さが問題になっている場合、その状況をストレートに言いづらいために、「部門同士もっとコミュニケーションを図る!」といった、**オブラートに包んだ表現の解決策が提案されがち**です。

メンバーも「それは大切!」と同意しますが、この提案が採用されても問題解決には至りません。**明日から何をすればいいのか、よくわからない**からです。

わからないから当然、現状維持となります。行動がないので成果も出ません。

「数字」を活用したアイデアは実行されやすい

◉誤解をなくすために「数字」をいろいろな場面で積極的に活用する

では逆に、どんなアイデアだったら実行しやすいかというと、「超・具体的なアイデア」です。誰もが間違うことなく同じイメージを描くようにすることが、理解・決断・実行、それぞれの力を高めます。具体的には、**「数字」「例えば〜」のフレーズ活用**です。
まず抽象度の高い悪い例から紹介します。

NG 次回からミーティングは時間厳守でよろしく！

悪い理由は、時間厳守の常識が人によって異なるからです。
15分前行動を心がけている人もいれば、ギリギリでも間に合えば「セーフ！」と思っている人もいます。こうなると次回のミーティング前に、ひそひそと確認が始まります。

「時間厳守っていうけど、結局いつ行けばいいの？」

「間に合えばいいでしょ？」

「いやA部長は10分前行動派だから10分前が無難じゃない？　面倒くさいけど」

この表現だと個々の常識や価値観に依存するため、「さっと行動」が難しくなります。

そこで数字の活用です。**数字というと「売上」「利益」といった特定のものだけをイメージする人も多いのですが、これほど幅広い場面でわかりやすく共有できるツールはありません。**先ほどの例を使って置き換えると……。

OK　次回のミーティングから時間厳守するために5分前行動を基準にしよう！

このように「5分」という数字を共有することで、無駄な話し合いもなくなり、行動しやすくなります。

さらに、この数字の活用と同じくらい効果があるのが次の「例えば～」の活用です。

具体的な「例えば〜」が早い決断と実行につながる

◉具体的な例を出すと改善提案もされやすくなる

数字の活用をする以外に有効なのが**「例えば〜」のフレーズを活用する**方法です。

例えば、107ページに登場した「部門同士もっとコミュニケーションを図る！」といった抽象的な解決策が出たとき、僕は提案者に次のようにお願いします。

「部門同士が今よりコミュニケーションを取っていくために、具体的に何をしていったらいいと思いますか？　**例えば『朝の朝礼後、20分だけ○○部門のAさんと△△部門のBさんが、連携強化のために本日の内容を打ち合わせする』**というのは具体的な例ですよね。そんな感じで追加提案してもらえますか？」

こういった提案であれば、いつ、どこで、誰と誰が、どんな内容の話を、どんな目的ですのかが、メンバーとしっかりイメージ共有できますよね。

また、**イメージがつくことで、「できる・できない」「良い・悪い」といったアイデアの是非の判断もしやすくなります。**「20分が長いなら10分だったらどうだろう?」など、**改善提案が出てくる可能性も高まります。**

ここまでアイデアが具体的になってくると、あと決めないといけないことは「いつからスタートするか」だけですよね。

具体的な解決策で決まったタスクは、再度何かを決めるという無駄な労力も少ないため、そのままスムーズな実行につながります。

◇

このように「数字」や「例えば〜」のフレーズを活用して伝え方の精度を高めることは、最終的にリーダーの適正な決断につながります。

実行スピードも確実に速くなるので、ぜひ活用してみてください。

否定する意見は必ず「改善提案」をセットにする

◉単なる否定・反対では問題は解決しない

ズバリ先に大切な結論をお伝えしましょう。

OK　改善提案を付けた否定・反対は歓迎

NG　単なる否定・反対だけなら発言不要

理由は、**否定だけの発言も意見と認めると「前に進まないチーム」になる**からです。

これは決して「リスクを伝えるのはＮＧ」としているのではありません。**明るい未来**

に向かって前進する「リスクの伝達と改善案をセットにした提案」を歓迎しているのです。単なるダメ出しなら発言しなくてよいということです。

否定する意見ばかりでチームが前進しない例

Aさん「1番目の方法だと時間がかかるのでやめたほうがいい」
Bさん「じゃあ2番目の手法で進めてみては?」
Aさん「いや2番目の手法だとコストがかかりそうだから避けたほうがいい」
Bさん「では3番目がいいってこと?」
Aさん「3番目は今、人がいないからなぁ。難しいと思うけど」

このように、**否定をするだけの発言をしていると「現状維持→問題はそのまま放置される」になります**よね。

忙しい中、わざわざ集まってミーティングする目的は「希望ある未来を創造するため」だったはず。現状を繰り返すことではなく、改善行動が必要になります。

より高いステージを目指すときや、目の前の課題をチャンスに変えて進化しようとするときの「改善提案のない否定」は「単なるブレーキ」でしかありません。

もちろん、今まで経験したことのない大がかりな企業買収や、誰も考えたことがない新しい企業理念を考案するときなど、熟考が必要なテーマであれば否定のみの意見も認め、時間をかけて話し合う必要もあるでしょう。

でも、ここで取り上げているのは、日々の職場で起こる、対応スピードの速さを求められるテーマの話し合いです。

評論や反対は簡単にできますが、「改善提案を付ける」ことは、高いレベルの思考パターンを求められるでしょう。

結果として、**当たり前のように改善提案ができる組織だけが進化し、スタッフも同時に育っていく**のです。

リモートメンバーがいるときのアイデア・解決策の集め方

●ツールを「付箋」から「チャットアプリ」にチェンジ

リモートメンバーがいるオンラインミーティングは、基本ルールはリアルと変わりませんが、アイデアを提案するとき、付箋を使えなくなります。

そこで私は**チャットアプリを中心に活用**しています。具体的には、Googlチャット、LINEワークス、LINE、チャットワークスなどで、各社が利用しているアプリでアイデア・解決策を集めています。チャットアプリは、みんなが一斉に文字入力できるので、付箋の活用と同様に時間短縮につながります。

チャットアプリ以外ではグーグルドキュメントがおすすめです。

ミーティングの流れは、リアルの場の「①書く→②発表する→③付箋を集めて見える化」から、「①入力する→②見える化する→③補足説明する」の順にしてアイデアを共有**します。

議事録は、チャットの内容をコピーし、ドキュメントに貼り付ければ簡単に作成することができます。

最初からドキュメントに文字入力している場合は、体裁を少し変えるだけで済みます。

この場合、**付箋の手書きより文字が読みやすく、議事録としてはわかりやすいのですが、みんなが画面だけに視線がいったり、他の人のアイデアが見られたりするデメリットもある**ので、どんなアプリを使い、どんな運用をするとよいか、いろいろ試しながら一番合うスタイルを確立してください。

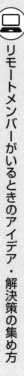

3分で考え、3案以上を付箋に書いていく

◉個々の「考える力」の質とスピードを高めよう

多くのリーダーが認識していない2つのことがあります。1つは、「リーダーと部下では考えるスピードが違う」こと。もう1つは、「部下に考える時間を与えていない」こと。これらを認識せず、「部下は何も考えていない」と早合点しています。

例えば、ある問題について悩んでいたリーダーが突然、部下に質問します。

「Aさん、○○の件について、君はどう思う？」

いきなり振られたAさんは、（急にどうしたんだ？）（なぜ自分にそんなことを聞くのか……）など、答えを考える前に別のクエスチョンマークが頭を駆け巡ります。

その件をずっと考えていたリーダーと、わずかな考える時間しか与えられていない部

下とでは、回答のレベルは違います。それなのに、ダメなリーダーになると答えが待ちきれず、「普段から考えて仕事をしていない証拠だ」と怒り出すことも……。

僕も、クライアント先で同じ質問をすることがあります。ただし、考える時間を与えるので、全員必ず何らかの考えを示してくれます。部下に考える力がないのではなく、単純に**「上司が部下に考える時間を与えていないだけ」で、それが問題**なのです。

僕はミーティングを個々の「考える力」の質とスピードを高めていく場にすべく、**「質問に対する答えを、3分で3案以上、付箋に書く」**という作業を実行してもらうようにしています。**ここで大切なのは複数案必ず考える（書く）こと。「時間切れで1つしか思いつきませんでした」を、僕は認めていません。**

複数案を考える理由――、それは普段の仕事で課題に直前したとき、「どうしましょう？」と上司に答えを聞くのではなく、「複数案考えて提案してくる」部下になってもらいたいからです。それをミーティングで育んでいます。

慣れないうちは3分が短く感じることもあるので、初めてのクライアント先では5分または7分でスタートすることもあります。そして、だんだん時間を短くしていくと、半年後には、たいてい3分で3案を付箋に書ける人になっています。

書くことは、その場にいるすべての人に利点がある

◉「付箋に書き出して発表」の驚くべきメリット

「わざわざ付箋に書き出さなくたっていいのでは？」と思った人もいたかもしれませんね。ただ、付箋に書き出して発表することに、大きなメリットがあるから導入しています。ズバリこれです。

！「○○さんと同じ」という発言がなくなり、多くのアイデアが集まる！

仮に10人の参加者がいて、順番に口頭で発言を求めてみたときを思い出してください。3人目、4人目ぐらいから、「○○さんと同じです」と言い始め、結果10人いても異なった発言は3つか4つしか出てこないことはよくあります。

「1人3案以上書いて発表」のルールにすれば、他人の意見はわからないので、自分の考えをストレートに書くしかありません。**誰かの意見に便乗する発言もなくなり、10人いれば最低でも30個の提案が集まります。**

もちろん似たようなニュアンスの意見はありますが、僕の経験上、似ている考えは10個くらいで、最低でも20個以上のアイデアが集まります。

口頭で集めた3～4つの提案の中から今後の改善策を選ぶのか？

書いて集めた20個の提案から改善策を選ぶのか？

誰が考えても後者に利点があり、これだけでも成功確率が変わる気がしませんか？

◉口頭で発表するより時間も短縮される

「書いて発言する」というスタイルのミーティングを経験したことのない人は「考えて書く時間が必要になるから、ミーティングが長くなるのでは？」と思われた人もいるかもしれません。

しかし、実際は逆です。

なぜなら、時間が長くなる原因の1つは、「1人ひとりの発表時間が長い」ことが挙げられるからです。

・まとまっていないので同じような内容を何度も繰り返し話している
・「え～っと」「あ～」など無駄な言葉が異常に多い
・話しているうちに本人自身が何を伝えたいのかわからなくなっている

ミーティング中、こんな場面を見たことがあると思います。

この原因は、「自分の発言を、頭で整理しているつもりでも、まったく整理できていないから」です。

いきなり話すということは、話す内容が十分整理できていない状態での「最初のアウトプット」になります。

だから、最初に「書き出す」アウトプットをするのです。

発言内容の重複や矛盾は、書く過程で気づきます。書き出した自分の意見を読むことで一度俯瞰・整理してから発言する流れにするのです。

また、付箋という限られたスペースにまとめる作業も含まれているので、自分の伝えたいことがシンプルになる効果もあります。

発言するときの基本は「書いた内容だけにする」です。

こうすれば誰もが1人15〜30秒以内で、不要な言葉や重複した表現といった無駄のない、他人が聞いても聞きやすい発表ができます。

◉付箋に書くことで議事録係も不要に

書くことは進行役を務めることが多いリーダーにもメリットがあります。

一般的にミーティングでは、リーダー（進行役）がみんなの発言をホワイトボードに書き留めるシーンをよく見かけます。

僕も経験しましたが、みんなの意見をホワイトボードに書き留めるのは、「書く時間」「聞き間違いによる書き直し」「聞き取る労力」「書き留めきれず聞き直す」など、時間と労力を割いてしまいます。しかも、ほかの参加者は、僕が書いている間、ただ待っているだけ。これでは非効率的です。

だから、各自に発表内容を付箋に書いてもらうことにしているのです。

これによってリーダーは司会進行役に集中することができます。

書いてもらった内容を時間内に発表し、個々の考えを共有した後は、すべての付箋を集め、ホワイトボードに貼って「見える化」します。

各自が考えたアイデアが書いてある付箋の現物をそのまま貼って、その場で「見える化」することで、リーダーとメンバーの間だけでなく、メンバー同士でも他の人のアイデアの「聞き逃し」「聞き間違い」「聞き忘れ」をすることなく意見を共有できます。

付箋のもう一つのメリットに、移動が簡単なことがあります。

「AさんとBさんのアイデアは似ているね」

ということになれば、**付箋を動かすだけで簡単に整理（1つのグループとしてまとめる）できます**。

もしこれがホワイトボードに直接意見を書いた場合だと、「矢印を引く」「書き直す」といった作業と時間が必要になり、矢印もだんだん増えて複雑でわかりづらいホワイトボードになってしまいます。
さらに、付箋をうまく活用するためのポイントがあります。

！ 付箋1枚につき1提案書く」というルールを徹底する

仮に1枚に3提案書いてしまうと、「この提案はこっちの提案と同じだけど、もう1つの提案はこっちだね」などと、動かしにくくなります。別々の付箋に書くことで、移動や整理がしやすく、容易に「見やすい状態」にできます。

付箋も今はいろんな種類がありますが、僕のおすすめは、**住友スリーエム㈱の強粘着（縦75ミリ×横127ミリ）**です。

これにこだわっている理由は、「ちょうどいい文字数（60～100文字くらい）を書ける」「貼った後、剥がれて落ちにくい粘着性」「サインペンで書けばある程度の距離感でも見える大きさ」だからです。

適切な大きさの付箋を選ぶことにより、文章も自然と簡潔な表現になります。言い換えれば思考も簡潔になるのです。

◉ホワイトボードを撮影すれば議事録作成の無駄も省ける

付箋はホワイトボード、壁、模造紙に貼ります。そしてミーティングで決めたことを忘れないよう記録として残すために、そして議事録係を無理に立てなくても大丈夫なように、僕は**スマホで付箋を撮影する議事録作成をおすすめしています。**こうすることで「わざわざ議事録を作る」といった労力を省くことができます。

そのほか、撮影した画像は次のような目的にも活用します。

- **今日参加していないメンバーと情報共有する資料として使う**
（なぜこの結論に至ったのか、ほかのどんな意見が出たのか等のプロセスも、スマホなら簡単に撮影できるので、過不足なく伝えられる）
- **進捗が芳しくないときの次の打ち手の参考に使う**
（採用したアイデアの成果があまり出ていないときは、後日またアイデア出しをするのではなく、この画像を次の打ち手を素早く決める参考に使う）

◉書くことで結果、聞くことに集中できる

このように付箋に書くことには様々な効果がありますが、聞く側にもメリットがあります。「**落ち着いて聞ける**」のです。

参加者には、考えるスピードがゆっくりな人、人前で話すのが苦手な人など、様々なタイプがいます。緊張しやすい人は、「君はどう思う？」といきなり問いかけられるのが苦手です。「もし自分に振られたらどうしよう。なんて答えようか……」と軽いパニック状態になっているので、他の人の発言を聞ける状態ではありません。

これでは発言中の人にも失礼ですし、聞く側の心理状態としてもよくないですよね。

でも、書いて発言する方法なら、すでに発言する内容を用意してあるわけですし、落ち着いてみんなの発言を聞くことができます。

◇

このように「書いて発表」には、発言者・聞く側・司会、みんなにメリットがあるのです。次はみんなが安心して活発な発言ができる場作りのコツを紹介していきます。

「発言しやすい場」を作り出す魔法の言葉

◉議論が活性化するかどうかは進行役の「場作り」にかかっている

活発にアイデアや解決策が出るかどうかは、リーダー（進行役）の「場作り」に大きな影響を受けるのは、皆さん容易に想像できると思います。

僕はクライアント先のミーティングで表のような投げかけをしています。**キーワードは「無責任でＯＫ」「人と違って当たり前」「質より数が優先」「自由」です。**

考えて書くスタイルでは、「他の人はどんな内容を書いているのか」「自分だけ的外れなことを書いていないか」と、最初は誰でも不安になります。その不安をなくすのです。

一般的に、部下は上司の顔色を伺いながら仕事をし、日々のコミュニケーションも上

テンポよく進めるための進行役の投げかけの例

- 答える内容の質は問わないよ。数を多く書くことが優先だよ。
- 学校の授業と違って、絶対的に正しい答えはないよ。内容は人と違っていて当たり前。
- 書く内容は、無責任でOK！　非常識もOK！
- ここは可能性を広げる時間だから、とりあえず何でも自由に書いてみよう。
- 人と違うアイデアだからこそ、わざわざ集まっている価値があるんだよ。

司の「答え探し」をするケースが多いです。過去に否定されたり、怒られた経験があり、それがいつしか「何を言えば穏便にすむか」に注目するようになるからでしょう。

部下が本来持っている様々な視点や情報を引き出し、個々の「考える力」をレベルアップさせるには、そうした〝答え探しの呪縛〟から解放してあげるのが大切です。

心理的安全性を確保して、「人と違うことでも安心して発言できる雰囲気」にすることがリーダー（進行役）の役割になります。

次は、アイデアや解決策がどんどん出る「聞く側のポイント」について説明していきます。

発言の聞き方3つのルール

◉情報の「量」と「届く速さ」でリーダーの資質がわかる

いろいろな会社のミーティングを見ていると、リーダーは、「適切な判断によって成功するリーダー」と「自分の思い込みで判断して失敗するリーダー」の2つに分かれます。

その違いはどこからくるのかというと、1つは集まる**情報の量とスピード**です。

唐突ですがペットボトルを例にとると、見る角度によって形が全然違いますよね。真上、真下、横、斜めと、様々な角度から見ることで、本質的な形を把握することができます。

仕事上の問題も、ある意味、このペットボトルと同じです。

AさんとBさんが社内でトラブルを起こした場合、Aさんの話だけを聞く場合と、両者の話を聞くのとでは、得られる情報も違えば自分の見解も変わってきます。

さらに、両者のトラブルを近くで見ていたCさんの話も聞くことで、さらに情報が増え見解が変わる可能性も出てきます。

つまり、**情報という視点は多いほうが、本質的な問題を把握できたり、適切な解決策を導き出せる確率が高くなります。**

また、**情報が届くスピードも、速ければ速いほど問題は解決しやすくなります。**

例えば、社会人の報告・連絡・相談の基本に、「ミスやクレームなどの悪い情報ほど上司に素早く報告し対処する」がありますが、①すぐ情報が集まり早期に解決できるリーダーと、②責任追及を恐れた部下が報告をためらううちに問題が大きくなり、重い対応を迫られるリーダーの差などが代表的なケースです。

このように、集まってくる情報の量や、その情報が届くスピードが、リーダーによって差がついてしまう原因は、そのリーダーの「**聞く力**」にあります。

◉優れたリーダーが気をつけていること

「聞く力」に優れてるリーダーはどんなことに気をつけているのでしょうか。それはミーティングを見ていればわかります。

ここではミーティングの場を例に、共通する3つのポイントを紹介します。

①発言内容を裁かない

気持ちのよいコミュニケーションの原則は、「人の話に耳を傾けること」です。そうすることで、集団の中で非難や拒絶の不安がなく安心して自分の意見を発言できる**心理的安全性**が作られます。

そのためには、まずリーダーは「発言内容を裁かない」が基本です。

「裁く」ということは、自分の中には正しい答えがあり、それ以外のアイデアや解決策は認めていない状況になります。しかし、これだけ変化の速い時代に、「唯一正しい答え」などは存在しません。

ミーティングや普段のコミュニケーションで、部下が自分の想像していた答えと違うことを言ってきたとき、

「あれだけ言ってるのに！」

「それは違うだろう？」

「その考えは難しいなあ」

とその場で裁くとどうなるか？　部下は上司の反応をじっと見ているのです。そして、（あ、これは言ってはダメなことだったんだ）と学ぶ。そして、無意味な叱責や衝突を避けるため、「今後は余計なことを言わない」。

どうしても発言を求められる場では、「自分の意見」ではなく、上司の考えを忖度した回答をするようになります。

このようにして「**裸の王様リーダー**」が完成するのです。


様々なアイデアや解決策を集め、効果的な決定をして明るい未来にしていきたいのに、**部下が「リーダーの答えを探して無難な発言をする」ようでは、忙しい中、わざわざ集まってミーティングをしている意味がありません。**

すべての現場や状態を把握することはできません。部下から自分の気づかない視点や情報をどんどん集めていくリーダーを目指すなら、「裁く癖」は改善しましょう。

②違う考えを歓迎する

「でも、『変な意見だな』と思うと、表情がつい変わっちゃうんだよね」
「なんか腹立たしい気持ちを抑えられない」

そんなリーダーも多いかもしれません。いくら我慢をしても、表情からにじみ出てくるイライラや怒りは、相手に伝わってしまうものです。

このような場合は、**「我慢をする」「イライラを抑える」ではなく、捉え方・感じ方を変えてみる**方法をおすすめします。具体的には

> ❗ 自分と違う意見
> ↓間違った見解ではなく「個性」↓自分が気づかない視点を提供してくれた！

そのほか、**「自分の常識は他人の非常識」と考えてみる**のも一案です。

国や人種が違えば常識もまったく違うように、あなたが思う常識も、基本は「幼少の頃から積み上がってきたあなたの個性の塊」です。

このように考えてみれば、聞いているあなたの表情は変わってきます。

成功確率の高い決断をできるリーダーは、聞くスキルに長けています。

そして、ミーティングでの聞くスキルが、リーダーのみならず、発言者以外の全員に身に付くことで、職場の雰囲気はガラリと変わります。お互いの個性を活かし、尊重し、協働できるチームへ進化させていきましょう。

③話を最後まで聞く

あなたは部下の話を聞くとき、発言の腰を折らずに最後まで聞いているでしょうか。

「ちょっと待て！　なんでそうなるの？」

「あーわかった！　要するに君が言いたいのは、こういうことだよね？」

「(話の途中で)で、何が言いたいの？」

おそらく「聞いてるよ」と断言できるリーダーは少ないことでしょう。

僕も組織の中で管理職をしていた頃はそうでしたから、気持ちはわかります。リーダーは忙しいですから、とりとめのない長い話や言い訳めいた内容を最後まで聞いている時間はない。どんどん判断しないと、自分が大変なことになってしまいます。

でも、立場を変えて、もしあなたが話している途中に上司が同じように話を遮ったらどう感じるでしょうか。報告したら怒られたり、早合点の要約をされたり……。そんな経験を繰り返したら、気分は良くないですし、報告するのが嫌になりますよね。

もちろん、「まとまりのない報告をする」「事実と解釈を分けて説明できない」「結論を言わずにダラダラ経緯ばかり話す」など、報告の仕方に問題のある部下もいますから、適切な指導をする必要もあるとは思います。

(1)最後まで話を聞いたうえで「今後はこのように報告して」と指導するリーダー
(2)最後まで話を聞かずにイライラした口調で指導をするリーダー
どちらのリーダーの指導が効果的か、よく考えてみましょう。

(2)の部下になると、「機嫌の悪いときに話しかけたから怒られた」と、自分の報告のまずさを省みることもなく、「イライラしがちな上司と非のない部下」という勝手な解釈をします。これも問題なのです。

話を最後まで聞かない上司のもとでは、仮に報告の仕方を上司が指導したとしても、部下が素直に改善する可能性も低くなります。

忙しい普段の会話から気を付けるのは難しいかもしれません。だからこそ、最初は「ミーティングのときだけ」でかまいません。話を最後まで聞くミーティングを繰り返すことで「普通にできる」に少しずつ変わります。「聞く力を持つリーダー」になりましょう。

第3章　まとめ

基本ミーティング ステップ1 アイデア・解決策を集める

●質問は「未来視点」で

①みんなでできる
We canの質問

6か月後の目標達成のために今後、
みんなでどう改善していけばよいか？

②自分（自部門）が協力できる
I can の質問

6か月後の目標達成のために今後、
自分（自部門）が新たに協力できることは？

●質問への解決策は3分以内に3案以上、書き出す（付箋orアプリ）

●実行力につながりやすいのは具体的な解決策

①数字を使う　②「例えば～」を使う　③改善策を示す

●場を活性化するには進行役の投げ掛けと裁かない姿勢が大事

進行役

「無責任でOK」「自由」
「人と違って当たり前」
「質より量優先で」

各自、意見を書いて発表

・人の意見に便乗しなくなる
・議事録づくりが簡単になる
・安心して聞くことができる

聞くときの姿勢

・人の意見を裁かない（自分と違う意見は間違いではなく個性）
・最後まで話を聞く（発言の腰を折らない）

第 4 章

基本ミーティング ステップ 2
アイデアを整理して決定・合意する

アイデアを整理することで決断が速くなる

◉アイデアを「3か月以内成果」と「3か月超成果」に分ける

この章では、アイデアを整理・決定・合意する流れを解説します。

なお、最終決断をする決定者（リーダー）を決めておいてください（決定者がいないままミーティングをし、なかなか先に進まないケースを見かけます）。

まず**アイデアを「3か月以内に成果が見込めるもの」と「3か月では成果が見込めないもの」に分けましょう。**分ける目的は直近2か月の行動計画を決める基本ミーティングでは、まず3か月以内に成果が見込めるアイデアを優先的に決定して、2か月で一定の行動と成果を出していきたいからです。

しかし、短期的な成果が出るものばかりを追いかけても圧倒的な成果につながらない

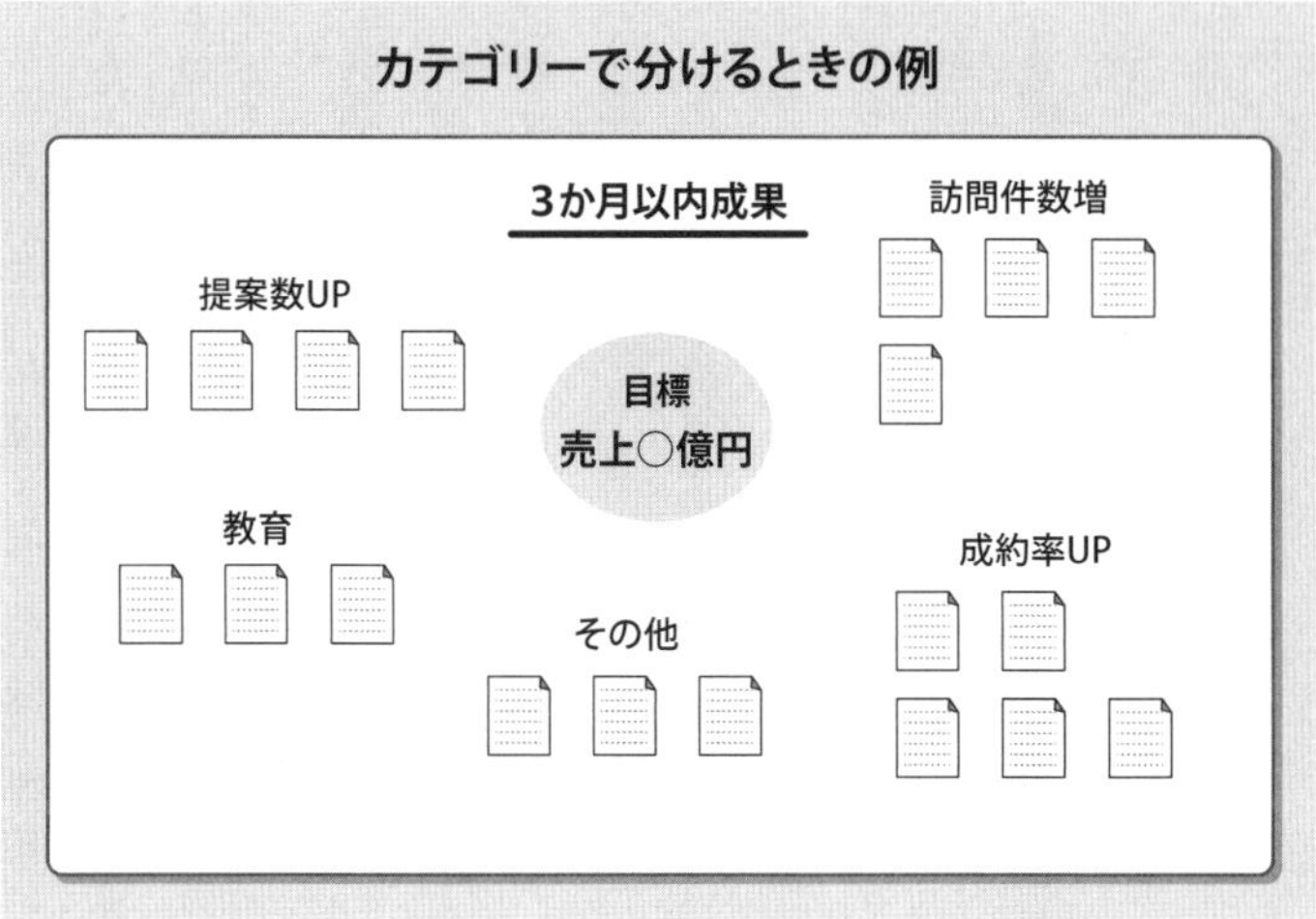

場合もあるので、決定するアイデアは「3か月内成果」と「3か月超成果」からバランスよく選びます。**そのバランスが一目で判断できるように、あらかじめ分けておくのです。**アイデアを集めるときにまず提案者本人にどちらなのか判断させ、分けてから集めると整理しやすくなります。

どちらに該当するかわからない場合は3か月以内のアイデアに含めてください。

◉似たタイプの提案をまとめる

次に、メンバーのアイデア・解決策を、どんな提案が多いのかひと目でわかる状態に整理しましょう。そのほうがメンバーも見やすく理解しやすいですし、決断しやすくなるので時間短縮につながります。

ここでいう「整理する」とは、提案を強引にまとめていくのではなく「分類」です。似たタイプの提案（＝付箋）を近くに並べることで、「どういったアイデアが多いのか」を見える化するのが目的になります。分類方法は２つあります。

①カテゴリーで分ける

性質や種類を軸に分ける方法です（１３９ページ図参照）。例えば、以下の⑴⑵は「訪問数アップ」、⑶⑷は「成約率アップ」、⑸は「教育」、どれにも属さない⑹は「その他」でまとめます。

⑴新たにお役立ち情報を提供して、登録していただいたお客様にご案内する
⑵リアル訪問は初回だけ。２回目以降はZoom中心に切り替える
⑶一番成約率の高いＢさんの提案方法をレクチャーしてもらいマニュアル化する
⑷紙のパンフレットによる提案をやめてタブレット（動画）中心に変えていく
⑸新商品についての知識が浅いので社内勉強会を開催する
⑹新しい商品を開発する

②部門や人で分ける

出てきたアイデアによって部門や人を軸に分ける方法もあります。例えば、売上アップのミーティングで「集客はマーケティング」「営業力アップは営業部」「商品のクオリティ向上は生産部」「どこにも属さないのはその他」、こんなイメージになります。

「どこの部門が、または誰がどんなアプローチをするのか」という視点で分けていけば、この後の計画から実行もスムーズに進みます。

◇

整理していく過程ではポイントが2つあります。

- **類似アイデアを無理にまとめず必ず分ける**
- **まったく同じアイデアはまとめる**（発表した本人に確認してから行う）

僕の経験上、**微妙に違うアイデアは、「似て非なるアイデア」として分けておく**ことをおすすめします。無理にまとめると後になって類似アイデアを再び分解して話をすることになります。バラバラの状態で、「この中からどれを採用するか？」で選び決めたほうが決定スピードは速まります。

納得感と実行力を引き出す「決定前投票」

◉リーダーによる最終決断の前にメンバー全員の投票制度を組み込む

実行するアイデアをリーダー1人が独断で決めるのではなく、メンバーの意見を取り入れる方法も紹介します。このほうが協力体制はより強固になります。

そこで、ぜひ**参加メンバー全員による投票制度を導入**してください。

リーダーの鶴の一声で決めるよりも、投票する分、事務的な時間はかかりますが、全員投票には次のような3つのメリットがあります。

①決定プロセスに参画するので納得感が増し、実行スピードが上がる

メンバーはどのアイデアが良いと考えているのか、それをふまえてリーダーはどれを採用したのか、それはなぜなのか、ここは理解・共有することで「リーダーが勝手に決めた案」ではなく「みんなで決めた案」に変わり、その後に与えられたタスクへの思い入れや行動が変わってきます。

意思決定のプロセスにかかわってもらうことで、各自の実行力を高めるのが目的です。

②賛同率の高いアイデアは成功確率も高くなる

誰しも自分が「いいな」と思うことの実行意欲は高く、やりたくないことは億劫になるものです。

福井県の大型印刷で知られる㈱ホーコーズさん。若手メンバーミーティングでの投票の様子

いくらリーダーが「A案は他社でも成功しているし、良いアイデアだ」と思っていても、メンバーが賛同していなければ、結果的に成功しないケースはよくあります。

逆に、メンバーは賛同していても、リーダーは「B案を選ぶと成果を出せないのではないか……」と思っていた困難なアイデアが、みんなが協力して実行することで成功したケースも、過去にたくさん見てきました。

A案　アイデア（一般成功確率80％）×実行力（賛同率10％）
B案　アイデア（一般成功確率50％）×実行力（賛同率90％）

この場合、B案のほうが成功確率が高いです。つまり、メンバーが賛同しているアイデアを理解し、この情報を最終決定に活かしていけば、実行力も成功する可能性も高くなるということです。

③メンバーの「リーダー視点で判断できる能力」を養うことができる

投票の進め方は、「自分がリーダーだったらどのアイデアを選択するか」という視点で投票します。

また、あえて匿名性を排除し、誰が何に賛同しているか一目でわかるスタイルにしています。

進行役は次のように投げかけます。「このホワイトボードに全員の知恵を結集させました。自分が提案したアイデアを選んでもいいし、他の人のアイデアを聞いて『そっちのほうがいいな』と思ったら、そちらを選んでもいい。あなたがリーダーだったときに

投票制のメリット

①決定プロセスに参画するので
納得感が増し、実行スピードが上がる

②賛同率の高いアイデアは
成功確率も高くなる

③メンバーの「リーダー視点で判断
できる能力」を養うことができる

選ぶベストアンサーに投票してください」

ここでのポイントは、**自分がリーダーだったら選ぶアイデアを尋ねている**ことです。

逆に、成果につながりにくい投げかけは、「効果のありそうなアイデアを選んでください」になります。

この投げかけがダメな理由は、チーム全体を最適な状態にする「全体最適解」の視点が欠けたアイデアが選ばれやすいからです。

例えば、小さな会社が自社の知名度を上げるためのミーティングをしたとき、「テレビCMを流す」といったアイデアが出たとしましょう。確かにそれなりの効果は期待できるため、票も多く集まりそうです。

一方、「あなたがリーダーだったら？」という視点で投票すると、組織のリソース（ヒト・モノ・カネ・時間）を最大限かつ上手に活用しないといけないので、このアイデアの票は減ります。

全体最適解を意識するリーダーの視点と、何の責任も持たない一般の視点では、考え方も選択する内容も変わってきます。

投票制度には、そういったリーダー視点で判断できるようにする教育的側面も含まれています。

◉投票の姿勢から次期リーダーが見えてくることも

また、誰がどんなアイデアに投票しているのかを見ていると、現状リーダーに向いている人とまだ向いていない人なども見えてきます。

例えば、「**自部門だけにフォーカスしたアイデアを選ぶのか・選ばないのか**」という視点です。

通常、自分の部門が大変になるかもしれないアイデアを避ける傾向にあります。

しかし、それでも組織全体を考えれば実行したほうがいいと判断し、自部門へのアイデアであっても投票できる人は、全体での最適解（リーダー視点）で判断できる人なので、次期リーダーの素養を持っているといえるでしょう。

なお、リーダーと同じようなアイデアを選んでいるメンバーがいたら、現リーダーと同じ視点で判断ができているわけですから、こういった人も次期リーダー候補という見方もできます。

また、これだけみんなから様々なヒントや知恵が集まっているのに、「自分のアイデアばかりを選んで、他の人をアイデアを全然選んでいない」というタイプの人もいます。そういった人はリーダーになっても周りの人の意見に耳を貸さない傾向が予想できるでしょう。

このように投票1つでも、「あなたがリーダーだったら？」という視点を入れることで、様々な特性が見えてきます。

選択するアイデアの数は1人3〜5個に

◉やり切るためには「決定する力」が問われる

次に投票で選ぶアイデア数ですが、これはアイデアの総数によって次のようにします。

> **!**
> **アイデアの総数が**
> **10個以内……1人3個まで**
> **11〜20個……4個まで**
> **20個超……最大5個**
> ※アイデアの総数は「3か月内」「3か月超」合わせた数です

最大5個までと決めている理由は「選択と集中」による観点です。

新鮮かつ素晴らしいアイデアが出てくると、たくさん選びたくなるリーダーが多いのですが、**日常業務で忙しい現場のメンバーは、たくさんのタスクをやり切れません。**

結果的に中途半端に終わってしまい、失敗体験が繰り返され、自信が持てなくなる——、この状態を避けるためには「決定する力」が問われます。

重要なものを選び、個々にタスクをやり切って一定の成果を出す成功体験を増やしていく。それにより「自分たちもできる」というチームの自信を育んでいくことが大切です。そのためには、成果の出そうなものを厳選して必ず実行する。そのための「選択と集中」です。

逆に、選ぶ数を1~2個と少なくした場合はどうなるか？

みんなの票がバラけてしまい、「どのアイデアの賛同率が高いのか」がわからず、最終判断をするリーダーが迷うことになります。

これらのバランスから考えて、僕の経験上、**効果的なのは3か月内と3か月超のアイデアから「1人3~5個選ぶ」**なのです。

アイデアを投票するときの流れとポイント

◉「立場の弱い人」から投票してもらう

何に投票するか5分考えた後は、**立場の弱い人順**に2、3名ずつ付箋の前に出てきてもらい、**他の人と相談せずに投票**します。影響力のある人が先に投票すると、その内容を見て、立場の弱い人たちが方針を変える可能性があるからです。

判断力を育成する目的もあります。「先輩やリーダーはどれに投票するのか?」「なぜ自分と違うのか?」、自分との違いから学ぶことでチームとしての方向性を合わせていきます。

◉選んだ付箋の近くに名前を書いて投票する

投票は、選んだアイデアが書かれている**付箋の近くに自分の名前を書いていく**スタイ

全員投票の仕方

リーダーの視点でアイデアを選び、付箋の横に自分の名前を書く

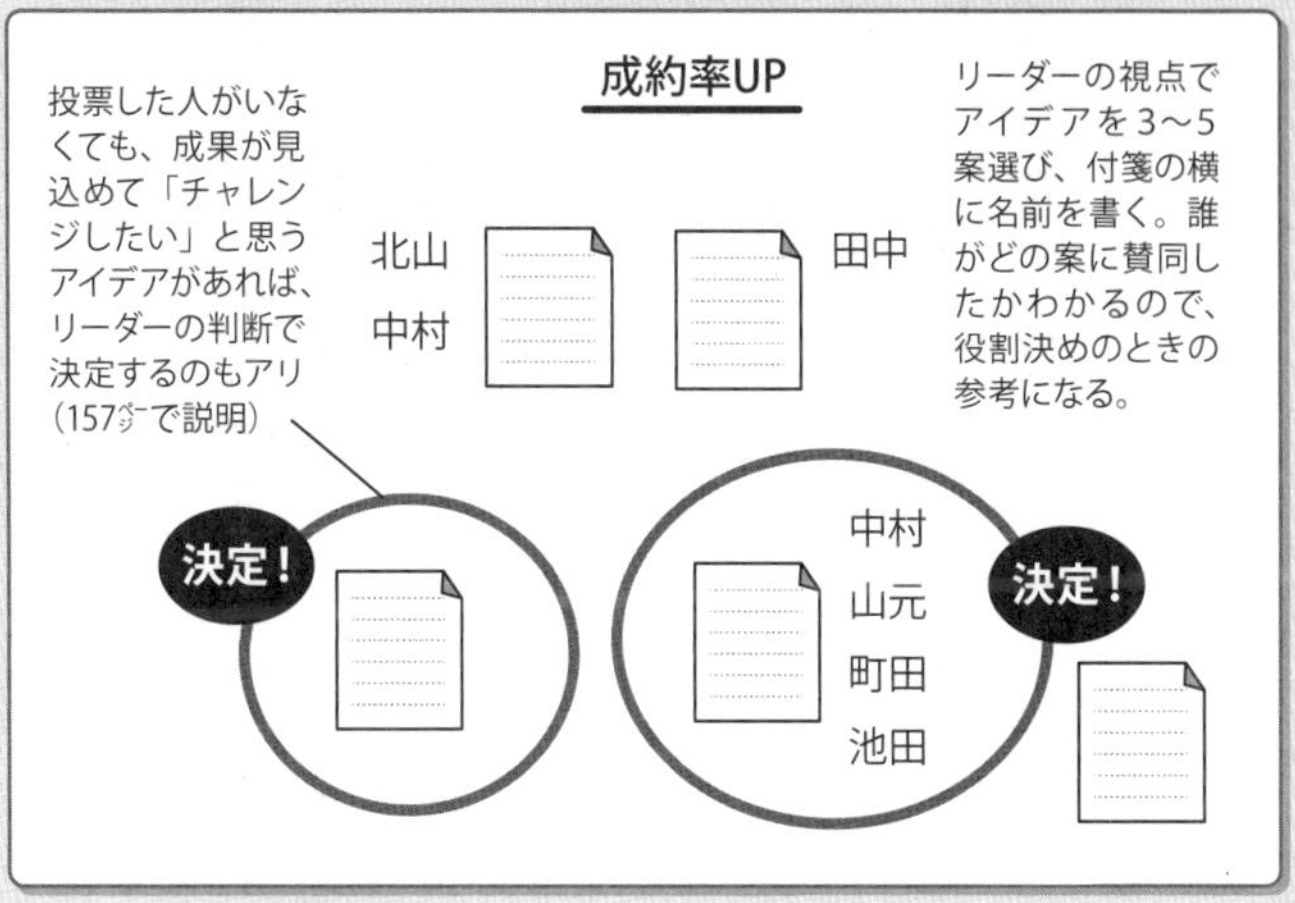

成約率UP
投票した人がいなくても、成果が見込めて「チャレンジしたい」と思うアイデアがあれば、リーダーの判断で決定するのもアリ（157ﾍﾟｰｼﾞで説明）
北山
中村
田中
リーダーの視点でアイデアを3〜5案選び、付箋の横に名前を書く。誰がどの案に賛同したかわかるので、役割決めのときの参考になる。
決定！
中村
山元
町田
池田
決定！

ルにします。こうすることで、**どのアイデアに賛同している人が多いのか、一目でわかる**ようになります。

◉最後にリーダーが決める

リーダー以外の全員の投票が終わったら、結果を整理します。

そして、賛同率（どのアイデアに賛同している人が多いか）を確認し、投票内容を考慮のうえ、**最後にリーダーがファイナルアンサー（決定）を出す**ようにします。

決定したアイデアを僕は「ミッション」と呼びます。

採用するミッションの数は、参

加メンバーの数や問題のレベル、実行難易度によって変わりますが、2か月単位で検証する基本ミーティングでは**基本は4〜8個**になります。目安は以下のとおりです。

参加メンバーの人数によってリーダーが採用するミッションの上限数を変える

5人以下…4個
6、7人…6個
8人以上…8個

決定するときの基本は
「2名で1チーム&2ミッション」!

アイデアによって実行難易度が異なりますが、基本2か月でできる新しい取り組みは平均1チーム2個までです。逆に成果の見込める2個を各チームがやり切ってくれれば、2か月でも組織として大きく進化することでしょう。

むやみに決定を増やさずに、「3か月以内成果が見込めるアイデアを2か月の行動計画でやり切って成果を出すこと」を優先してください。

人は日々の業務などでメモリーオーバー気味なので、新しいことをたくさん覚えたり、同時にこなすのは難しいのです。「選択と集中」を肝に銘じましょう。

◉決断の順番にも成否を分けるポイントがある

参考までに決断する際の指標も紹介しておきます。

！ ミッションを決めるときはこの順番で進めよう
①成果が見込める、②時間がかからない、③コストがかからない、④賛同率が高い、この順で判断するのがおすすめ！

①優先順位はまず「成果」。どんなにすぐ実行できても成果が出ないと無駄足
②次は時間。「3か月以内」「3か月超」に分け、バランスよく決定
③次はコスト。同じ成果が見込めるならコストが低いほうを優先
④全員投票での賛同率を参考に。3か月以内成果が見込め賛同が多ければGo！
※もちろん、会社の理念や行動指針に合っているかどうかも大切なポイント

その他、決断するときのポイント3つ

◉直近成果と長期成果をバランスよく選ぶ

整理した段階でアイデアは「3か月以内に成果が見込めるもの」と「3か月では成果見込めないもの」に分けている状態です。そして、このアイデアは「半年後の数字目標や取り組む重点項目」を達成するための行動ヒントになっているはずです。

リーダーがアイデアを決定するときは、「3か月以内」「3か月超」からバランスよく決定する。そして「基本ミーティングの2か月計画」で実行し、3か月目には検証ができるようにスケジューリングしてみることをメンバーにリクエストしてください。

バランスを取る理由は、138ページで述べたとおり、3か月以内に成果が見込めるものばかり決定しても成果に大きなインパクトを与えない場合があること。逆に、成果は出るけど3か月超のアイデアばかり追いかけていると、状況が変わり変更を余儀なくされ、何の成果も得ないまま終わってしまうリスクがあるからです。

つまり、何でもかんでも「短期がいい」と言っているのではありません。**時間がかかるけど重要なことにも取り組み「走りながら短期（2か月単位）で軌道修正」していきながら、結果的に長期で大きな成果を生み出すアクションも重要です。**

3か月成果枠に入っている「成果が読めない新たな取り組み」も、まず2か月で仮目標を立てて実行し、2か月後の結果や状況を見て今後のことは判断する、この考え方で決定してください。

◉リーダーはこんな点も気にしつつ決断を！

ここではリーダー向けに、決断するとき知っておきたいポイントを3つ紹介します。

①全員投票の結果に不信感を持たせないようにする

名前がたくさん記入された付箋のアイデアは、チームの賛同率が高いことを表しています。

リーダー自身が考えた最終決定のアイデアと、賛同率の高いアイデアが、重複していれば決断しやすいですし、実行確率や成功確率も高いでしょう。

問題は「アイデアが一致していない場合」です。

ここで、もしリーダーが、賛同する名前の少ない、あるいは何の記載もないアイデアばかり採用していると、メンバーはこのように思います。

（それだったら投票する意味ないんじゃない？）

（あ、この人は周りの意見に耳を貸さないタイプの人なんだ）

これでは時間をかけて行った全員投票の意味がまったくなくなりますし、リーダーとしての求心力もなくなります。心がけたいのは次の2点です。

！
- 一致している場合は、迷わずそのアイデアを採用する
- 一致していない場合は、みんなが賛同していない自分が考えたアイデアに決定すると同時に、3分の1～半分は賛同率の高いアイデアを選ぶ

自分にはない発想のアイデアをメンバーが頑張って実行し、成果を出してくれたら「組織が自走し始めている嬉しい序章」ですから。

②賛同率の低いアイデアも時として必要なこともある

賛同率の高いアイデアを無視することが問題なのはわかりやすいと思いますが、一方で、「賛同率の低いアイデアは採用に値しない」と決めつけるのも問題です。

意識してなのか無意識なのか、人には次のような傾向があります。

- **知らない、よくわからない、新しい、未知のアイデアには投票しない**
- **やったほうがいいが、明らかに面倒だったり大変なことには投票しない**

そうした傾向も踏まえずに、**みんなが賛同する無難なアイデアばかり選択し、一向に成果が出ない、そんなチームもよく見かけます。**

その瞬間は理解を得られず、**賛同が少なくても、その瞬間、多少嫌われても、みんなを成功に導けるアイデアなら決断する、それもリーダーの大切な役割**です。

③新しいことへ動けない組織は「期間限定」でチャレンジする

消極的なメンバーが多い会社に「成果が見込めるけれど賛同率の低いアイデア」を導入するときの方法を紹介します。

チャレンジしないメンバーにはタイプ別にそれ相応の理由があり、そこを理解し対応していけば、必要なチャレンジができる組織に変えることができます。

なぜチャレンジしないのか――、僕の分析では基本2パターンです。

パターン① 職人的・専門的など「保守的な業務的特性」を持っている

売上を上げなければならない営業部門は、新しいことにチャレンジしたい。でも、生産部門は否定的という職業特性的な問題です。例えば、料理長が新しい試みに「衛生面に自信はないけど、とりあえずやってみますか？」とは言わないですよね。これはやる気や性格的な問題もありますが、業務上の特性がそうさせている部分もあります。

パターン② 見えないものに対してリスクが取れない

前述したように、人は「知らない、よくわからない、新しい、未知のアイデアに対しては慎重」です。新しいチャレンジを前にすると、

「今以上に忙しくなってしまうのでは……」

「どう進めていくのかよくわからない……」

見えないリスクを感じれば感じるほど、メンバーは消極的になります。

このように①保守的なメンバーや②リスクを取れないメンバーから、新しいチャレンジの合意を取るにはどうすればよいかですが、キーワードはコレです。

合意を導くキーワード

「試しに1回やってみよう」
「期間限定でやってみよう」

例「よかったら継続、ダメなら修正か中止すればいい。だから試しにやってみよう」

「ずっと継続する」という前提だから、みんなどんどん慎重になります。だから「期間限定」にするのです。

では、「期間限定」とはどれくらいなのか。

このときの考え方の基準は、「結果が出るのは最短でどれくらい？」になりますが、僕の経験上、**目安としては1～3か月あたりが合意しやすい期間**です。

実際、僕もミーティングで参加者の業務量や大変さに共感したうえで、**「大変なのは承知しています。だから少しの間だけ期間限定でご協力いただけませんか？」**と提案すると、ほとんどのクライアント先が提案を受け入れてくれます。

「短期間前提」なので実行力も高く、続けるかどうかの結果も早期に出やすいです。

ミーティング中に
リーダーが決めるべき項目は2つ

◉リーダーが決めるべき項目は「ミッション」と「管理者」にとどめる

ミーティング中に決めるべき項目は6つあり、「リーダー」と「管理者」で担う内容が異なります（図参照）。ここでは、現場での具体的なステップに沿って、「リーダー」が決めるべき項目を説明していきます。

①ミッション…何に取り組むかを説明し、メンバーの合意をとる

リーダーは決定したアイデアを「ミッション」と呼び、このミッションに決めた理由を説明しましょう。

投票内容が違うということは、人によって何かしら優先順位や選考理由が違うということ。

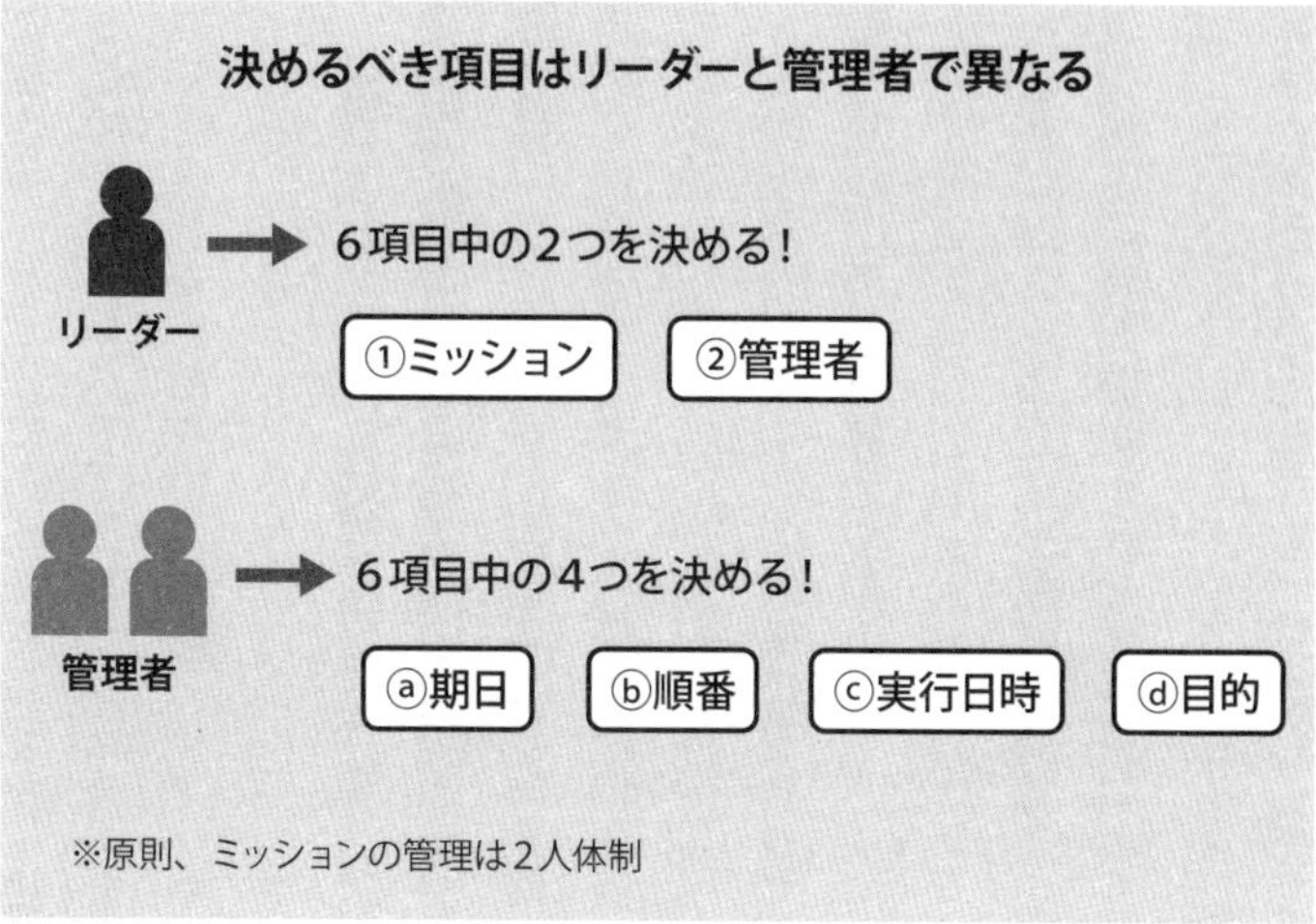
決めるべき項目はリーダーと管理者で異なる
リーダー
6項目中の2つを決める！
①ミッション
②管理者
管理者
6項目中の4つを決める！
ⓐ期日
ⓑ順番
ⓒ実行日時
ⓓ目的
※原則、ミッションの管理は2人体制

「なぜ、この提案を選んだのか」「どんなふうに進めていきたいのか」、リーダーが自分のイメージを説明して、**メンバーとの理解度の溝を早い段階で埋めていく**のです。

参加メンバーには、このタイミングで遠慮なく質問してもらうようにします。改善提案もウェルカムの姿勢です。

ただし、前述したように**「単なる否定だけはNG」**とします。

最終決定は質疑応答や意見交換をした後に行います。リーダーは意見交換を踏まえて、アイデアを変更するのもアリです。そして、ここで決まった後は**「成功するようにみんなで協力しながらやってみる」**、このルールで進めていきましょう。

②管理者…誰と誰にやってもらうかを決めて依頼する

このタイミングで、このミッションを誰と誰にやってもらいたいのかをリーダーが決めて提案してください。原則、ミッションの遂行は1人に任せず、2人体制です。

「誰がどれくらい仕事を持っているのか」「このタスクは誰にお願いするのがベストか」「選択と集中の考え方で、仕事のできる人に優先順位の高いどのタスクを預けるべきか」などは、参加メンバーの仕事ぶりや業務量、得意・不得意や個性を考慮して、選んだアイデアに関連するタスクの優先順位を最もわかっているリーダーから提案するのが効果的です。

この役割分担によって成果は変わってきます。ここがリーダーとしての素養を試される**やりがいのある部分**です。

理想はメンバーが主体的に立候補してくれることですが、現実はなかなか手が挙がらず、決定に時間がかかります。未知のタスクに対し、人は積極的にはなりにくいからです。

手が挙がったとしても、適性としてミスマッチだったり、一部のタスクに立候補者が集中したりなど、バランスを取るのは容易ではありません。
したがって、**リーダーから本人へ理由とともに提案・依頼するのがベスト**です。

! 提案した人を安易に管理者にしない＋原則2人体制

良い提案をしたメンバーに対し、「それ、いいね！ じゃあ提案したA君、やってくれるかな？」と提案者を管理者にするリーダーも多いですが、僕は単純にそうしません。**「良い提案をすると自分の仕事が増える」が繰り返されると、メンバーは提案しなくなる**からです。最後には気軽な提案や発言がないチームにもなりかねません。

提案してくれた人を安易に管理者にしないことは盲点ですが、じつは大事なポイントです。それを避ける意味からも、僕は**2人体制（各ミッションの管理は2人）**にしています。

仮に提案者がその道のスペシャリストで、管理者に最適だった場合、1人だと日々の業務で予定どおり進めることができず、ボトルネックとなって停滞する可能性もあるからです。

「2人体制だと責任の所在が曖昧になって、実行しないのでは？」と心配する人もいますが、そんなことはありません。むしろ1人体制のほうが本人がキャパオーバーになり、1人で抱え込んでブラックボックス化するリスクが高いです。

1人が大変で動けなくても、もう1人が少し進められるかもしれない。仮に停滞したとしても、今の状況をリーダーに伝えることぐらいはできます。また、2人だと時に甘えや過信が生じますが、「相棒に迷惑をかけられない」と奮起することもあります。

ちなみに、3人体制、4人体制になると、「誰かがやってくれるだろう」と実行力は下がります。人数を増やせばいいというものではありません。1チーム＝2人体制です。

！ 管理者は「実務を担う者」ではなく「管理・監督をする者」という定義

僕はミッションを遂行してもらう人を担当者とは呼ばず「管理者」と呼びます。

・担当者とは…やるべき実務（作業）を自分が担当して進めていく人

・管理者とは…やるべき実務計画を立て、予定どおり進むように周りに協力を仰ぎながら管理・監督する人

管理者は、**周りにも実務を協力してもらいながら計画遂行に責任を持つ人（＝管理監督する人）**です。

誰が作業するべきかよりも、期日を守って実行していくことのほうが大切。それを理解してもらうためにも名称を変えています。

もちろん、管理者が実務を担うケースが多いですが、誰かに実務をお願いしてもいいというスタンス。自分が作業をすべてやる必要はありません。

そして、他のメンバーも依頼されたらお互い前向きにサポートし合うというルールです。

忙しい中、新しい仕事を作業者として喜んで引き受ける人はいませんが、この管理者の定義と2人体制を説明すれば引き受けてくれます。

実行力の高いチームには3つの合意ルールがある

◉この3つを押さえると考動の質は高まる

実行力の高いチームには、質の高い考動につながる〝メンバー間の合意形成〟が見て取れます。ここでは代表な3つの合意ルールを紹介します。

①反対意見の人も決まった後は成功を目指して協力している

実行できる組織に共通するのは反対意見の人たちの協力体制です。知らん顔をして協力・実行しないのか？　成功するように一緒に協働するのか？　この反対意見の人たちの考動が実行力の鍵を1つ握っています。

実行と成果に導くのは、唯一の正しい結論ではありません。どれだけ協働して実行できたかです。**「自分は反対意見だったけど一度決まったのだから、これが成功できるよ**

うに、まずやってみよう！」、そう言えるメンバーが多いチームは必ず成功します。

僕は初めてのクライアント先では、このルールを丁寧に説明して、効果的な合意形成がそのチームに芽生えるように繰り返し伝えています。

②誰かが失敗しても自分にも責任がある

「みんなが与えられたことをきちんとやり切れば成功する」、これは正論でありますが、現実はそのとおりいかない場合が多くあります。やはり必要なのは協力体制なのです。

プロのチームスポーツでも試合後のインタビューで「○○が失敗したから負けた。自分は関係ない」とは言いません。「自分が貢献していれば……」です。また、誰かに助けてもらえば、「次は自分が恩を返そう」という気持ちにもなるはずです。

ビジネスでも実行力の高いチームには連帯感があります。**自分ができることは何か、1人ひとりがそう考動していけば、誰かの失敗や停滞は必ず補い合える**はずです。

③提案したけど却下された場合はプレゼン不足

ミーティングでも普段の仕事でも、上司の考えとは違う提案をすることはよくあるでしょう。でも、却下されたときの部下の動きは2パターンに分かれます。

Aさん　「上司がわかっていない」と上司がいない場所でみんなに不満を言う
Bさん　何がダメなのか自分の足りない部分を確認し、提案に改善を加える

あなたが上司だったら、どちらの部下がほしいですか？　または、どちらのタイプが多い組織が前に向いて進んでいくと思いますか？

部下の提案内容の正誤について言っているのではありません。自身のプレゼンを省りみることなく、**「上司が悪い＝自分は悪くない」という構図で進歩しない考動パターンが問題**だと言っているのです。

自分のことだけを考えるのではなく、うまくいっているときは仲間を見渡し、うまくいっていないときは自分の考動を改善する。それができるチームは伸びています。

◇

さて、次の章ではいよいよミーティングの最後のステップである「3　計画」になります。実行力を高めるポイントの1つは「ミーティングでどこまで決めて解散するか」です。計画を立てずに解散する組織と、計画を立ててから解散する組織では、実行力に大きな差が出ます。実行力が上がる計画の立て方を説明していきます。

リモートメンバーがいるときの全員投票の進め方

●ドキュメントに並べたアイデアに「通し番号」を付けて全員投票

アイデア・解決策を選ぶときの「全員投票」について、リアルの場では「これがいい！」という付箋の近くに名前を書き込んで投票しますが、リモートメンバーがいる場合の投票方法は、**ドキュメントにアイデア・解決策を書いたものを並べ、それぞれに「通し番号」を付けます。**

仮に20個のアイデアがある場合は1番から20番の通し番号を付けます。リアルの場と同じように、まったく同じアイデアは1アイデアとみなし、まとめて番号も1つにします。

例：「集客のために〇〇をする」↓「①集客のために〇〇する」と①を追記

投票は、自分の名前と選んだ通し番号を記載して、ドキュメント上またはチャットアプリで投票します。

例：中村　①⑥⑨

こうすれば、誰が何に投票したのかが一目でわかるようになります。

事例

アパレルという衰退産業でコロナ禍でも3期連続・最高売上を達成

（東京都・フジサキテキスタイル株式会社）

●「3つの合意ルール」を導入後、社内の雰囲気が改善

同社の島崎専務に初めてお会いしたのは約10年前。当時は超が付くくらいのトップダウンの会社で、「成績はまずまずでしたが、社内の雰囲気は最悪、私と部下の信頼関係も最悪で、悩んでいました」。

その後、僕の塾に参加され、自身の考動を柔軟に変化させていくと、部下との関係性が少しずつ良くなっていった模様。ほどなくして、今度は部下の方が次々と塾に参加されるに至りました。

「期待している幹部社員、個人としての能力はあるもののリーダーとしてはこれからな幹部社員、私との相性は良くないけれど、この先きっと伸びるであろう幹部社員など、計5名にミーティング術を学んでもらいました。

特に、『3つの合意ルール』（166ページ参照）をみんなで学び、実践していったことが今、大きな成果につながっていると感じます。会社全体の雰囲気はよくなりましたし、離職率も改善しました。

私と相性の良くなかった幹部社員とも、当時のやりとりが嘘に思えるほど、今は良好なコミュニケーションをとれています」

さらに強い組織を目指して定期的に僕の私塾・矢本塾で学び続けている向学心旺盛な島崎専務。

●コロナ禍のピンチをチャンスに

同社はアパレル業を展開しています。バブル崩壊後、景気低迷が続く産業であり、コロナ禍でも、経営環境としては厳しい業種です。ところが、ミーティング術を通じて幹部人材が育ったことで、コロナを他責にせず、チャンスと捉えることができたと言います。

「10年前の売上は、グループ企業4社合計で100億円くらいでした。コロナ禍も社員一丸となって危機を乗り越え、2022年前期は150億円まで更新。もう少し伸ばせそうですから、連続3期最高売上、最高益になりそうです。斜陽産業であっても、打つ手は無限と考えてます。社会、社員、その家族のために、より良い会社にしていく努力をこれからも続けていきます」

◇

厳しい業界であっても、伸びている会社は存在します。また、人（社員の顔ぶれ）が変わったわけではなく、考え方や組織のルールを見直して業績を伸ばしています。変えるのは人ではなく考動パターン――、これはどの会社も真似できることでしょう。

第4章　まとめ

基本ミーティング ステップ2 アイデアを整理して決定・合意する

●アイデアを整理する方法

カテゴリーで分ける　or　部門・人で分ける

スピーディーに良い決定ができるように「見える化」

●決定する方法

（実行力アップにオススメ）

全員投票の結果を見て決める　or　リーダーが素早く決める

●リーダーが決めること

何に取り組むのか
ミッションを決める

原則、各ミッションにつき
管理者2名（誰と誰にするか）

全メンバーにそのアイデアを選んだ理由を説明し、
ミッションの内容とそれぞれの管理者の合意をとる

●実行力の高いチームの3つの合意ルール

約束1　一度決めたら反対意見の人も成功するように協力する
約束2　誰かが失敗したら「自分にも責任はある」と捉える
約束3　意見の却下＝自分のプレゼン不足と受けとめ改善

一度決まったら成功するようにみんなで協力する

第 5 章

基本ミーティング ステップ 3

計画の立て方を工夫して実行につなげる

ミーティング中に具体的な計画まで決めて解散を

◉個人任せの部分が多いミーティングでは結果を出せない

ミーティングに際し、多くのチームでは「誰が・何を・いつまでに」までを決めて、担当者になった人が「計画の詳細は後ほど作ります」と言って解散します。

この流れだと、まず結果を出せません。**「計画と実行」を個人任せにしているからです。**

現場に戻れば、「ミーティングで話し合った内容」「やる気」「優先順位」は時間と共に薄まります。新たなタスクは面倒なので後回しとなり、結果、期日ギリギリに記憶をたどりながら、精度の低い計画を作ります。当然、結果も出ない悪循環を繰り返します。

つまり、**個人のモチベーションやタイムマネジメントに依存しすぎ**なのです。

この章で伝えたい実行力アップにつながるポイントは大きく2つです。

!
①実行と直結する具体的な直近計画を立てる
②話すべきことを話してから解散する

①は、「実行に移しやすいキーワード」を押さえるのがキモになります。ここまでの章で断片的に説明していますが、おさらいしておきましょう。

・他者決定ではなく自己決定（主体性を引き出す）
・最初の行動はミーティング後72時間以内に（記憶の低下対策）
・行動計画を細かいステップに分ける（「考えるのが面倒」を省く）
・小さく始める（脳の側坐核を活かす）
・未来の自分にアポ取り→実行日時決定（未来に潤沢な時間はない）

②は、計画の基本と第一歩の行動をミーティングの中で決めて解散するのがキモです。現場で「個人が一から考え、決める時間」を「実行する時間」に変えてしまうのです。

ミーティング中、管理者が主体的に決めるべき4項目

◉管理者が決めるべき項目

ミーティング中に決めるべき6つの項目のうち、ⓐ〜ⓓは管理者2人が考えて決めていく項目になります。ミーティングの形も、全体からチーム別（管理者ごと）に変わり、20〜30分の相談タイムを設けます。

! 自分たちで決定できる〝余白〟を作って主体性を引き出す

人が持つ「自分の行動は自分で決めたい」という心理を活かし、自分たちのミッションの期日や行動計画を自ら決めていきます。

「**2人で主体的に責任感を持って実行してね**」という期待を持って自分たちで自由に

決められる〝余白〟を作り、主体性と責任感を引き出して実行力を高めていきます。

ⓐ期日…開始する日と締め切り日を決める

まず、与えられたミッションに対し、いつからスタートし、いつまでに完了するかを決めます。この期日に合わせて、必要なタスクを細分化し、期日に収まるよう逆算してスケジュールを組んでいきます。

スタートする日は原則「今日」です。

ミッション遂行が完了する日は、基本的に**2か月で終わる、または一定の成果を得たいミッションを選んでいる**ので、完了させる期日も、この「2か月」を強く意識します。成果に時間のかかるミッションも2か月単位で定点観測します。

例

ミッション：5月～8月の外注費を昨年同期間より削減する
期日：4月1日～4月30日

ⓑ順番…逆算でどんなスケジュールで進めるのかを決める

❗ 細かいステップに分ける↓「考えるのが面倒」を省く

・どう進めていくのかをミッションを「細分化」して決めて「考える」「決める」をできるだけミーティング中で終わらせる

・現場で「考える」「決める」労力を減らし現場では「実行」のみに集中する

ここまでの章で、「ざっくりとした期日だけ決めて解散するのはリスク大。現場に戻って〈考える・決める・実行する〉の３つを行うことは難易度が高く、実行力を下げる要因である」とお伝えしました。

（ミーティングで決めたあれ、どう進めるか考えないとな……）

（どっちの方法にするか、方針を決めないとな……）

といった考えが頭の片隅に置かれた状況は、キャパオーバーで処理速度が遅いＰＣと同じ。仕事の効率や実行力は悪くなるばかりです。

だからミーティングの中で、何をどう進めるか、大枠をサッと決めてしまうのです。

! 直近1か月を綿密に細分化して計画する（未来に時間が確保できる保証はない）

まずリーダーが2か月先のミッションを決め、それから管理者同士で詳細のタスク計画を立てていきますが、タスク計画を立てていくときのポイントがあります。

それは、**直近の1か月を細分化して綿密な計画を立てることです。直近1か月で空いている日程を大切にスケジューリングしてください。**

例えば、今月1日が開始日の場合、直近2週間（今月1～14日）の中で空いている時間と、来月からの2週間（来月1～14日）で空いている時間を比べたら、一般的に来月のほうが空いている時間が多いかもしれません。

しかし、来月のその2週間に計画を入れたとしても、優先順位の高い突発的な仕事やトラブルによって実行できなくなるリスクも同時にはらんでいます。

「未来には必ず時間がある」という保証はないのです。

同時に、**実行できたとしても、着手が遅いと感じる先送りにも似た状態になります。**
直近の時間を大切にしましょう。

！ 72時間以内に〝小さな一歩〟に着手する

着手するのが遅くなればなるほど記憶との戦いになり、後になればなるほど新たな仕事が増える確率は高まります。熟考は無用です。できるだけ早く実行しましょう。
効果があるのはミーティング解散後、72時間以内に小さな一歩に着手することです。

「72時間」は、僕の実体験やクライアント先で試行錯誤を繰り返し導き出した時間で、現状これがベストと自信を持って言うことができます。

「小さな一歩」は、64ページで紹介した「脳の側坐核」を活用した取り組みです。何らかの行動を起こすことで脳を刺激し、ドーパミンを放出させ、さらなる行動につなげましょう。スイッチをオンにするのは、気合や根性といった意識的なものではなく、行動そのものに**軽く着手する**ことです。

ここまでで紹介したポイントを踏まえて追記していくと以下のようになります。

◇

例

ミーティング：４月１日開催

ミッション：５月〜８月の外注費を昨年同期間より削減する

期日：４月１日〜４月30日

←すぐできる最初の一歩　　←すぐ開始

(1)リーダーに依頼する（経理部門に資料提出を要請したい旨、伝える）〜４月１日

(2)経理の山下さんに連絡して昨年度の外注費の内訳資料を依頼する　〜４月２日

(3)内訳資料から田中・伊東で昨年度の内訳を調べる（上位10社選出）〜４月12日

(4)今年度の自部門の外注削減案を決定する　〜４月19日

(5)リーダーの了承を得る　〜４月25日

(6)決定した削減計画を部門内の朝礼で全員に伝える　〜４月28日

→細かいタスクに分けて計画（ここでは(1)〜(6)に分けている）

ⓒ**実行日時**…それぞれのタスクを行う日時を決めてブロックする

! 実行日時を決めて自分のスケジュールを押さえ、他の予定を入れない

実行日時とは、**「そのタスクを実行するには、どれくらいの時間が必要で、それを何月何日の何時から何時までにするのか？」を決め、スケジュールに入れる**ことです。

「〇月〇日までにやります（期日）」を言うのは簡単です。

しかし、「どれくらいの時間が必要か？　いつそれをするのか？」を考えて決めるのは簡単なことではありません。そして、忙しい毎日の中で、新たなタスクの実行日時を捻出して、自分の予定を押さえることは覚悟を問われます。

しかし、これを決めないと行動のタイミングは先延ばしされ、実行されません。**実行日時を具体的に決めて他の予定をブロックすることが、より重要です。**

このポイントを再び先ほどの例に追記するとこうなります。

例　ミーティング：4月1日開催

ミッション：5月〜8月の外注費を昨年同期間より削減する

期日：4月1日〜4月30日

(1)リーダーに依頼する（経理部門に資料提出を要請したい旨、伝える）〜4月1日

(2)経理の山下さんに連絡して昨年度の外注費の内訳資料を依頼する　〜4月2日

(3)内訳資料から田中・伊東で昨年度の内訳を調べる（上位10社選出）

〜4月12日（実行日時　4月8日10時〜13時）　↑何月何日何時から何時までかを決める

(4)今年度の自部門の外注削減案を決定する

〜4月19日（実行日時　4月15日10時〜13時）　↑

(5)リーダーの了承を得る　〜4月25日

(6)決定した削減計画を部門内の朝礼で全員に伝える

〜4月28日（実行日時　4月26日9時〜朝礼にて）　↑

！ 目的と手段を見誤らない

複数のタスクを実行していると、時に目的と手段を見誤ることがあります。

例えば「外注費の削減」というタスクであれば、**「どんな状態になっていれば成功なのか」**が明確になっていないと、低レベルの削減でも成果とみなしてしまいます。

そこで僕は、成功の形が指針として含まれている内容を「目的」と定義づけています（これを「メジャー・オブ・サクセス（成功の指標）」と呼んでいる外資系企業などもあります）。


目的は、数字で具体的に表現すると、より明確にメンバーと共有することができます。

例えば、外注費削減のミッションであれば、何％削減したら成功なのか検討します。

仮に5％としたのであれば、まず2か月、しっかり取り組みましょう。

そして、全タスクを実行しても2か月後の結果が3・5％削減だった場合、このミッションは達成されたことにはなりません。新たなタスクを追加して次の2か月で5％を目指すのか、それとも3・5％が限界と判断し、このミッションを終了するのか、2か月後の結果を見ながら柔軟に軌道修正と判断をしていきます。先の例に追記するとこうなります。

例　**ミーティング**：４月１日開催
ミッション：５月～８月の外注費を昨年同期間より「５％」削減する
→数値目標を入れる
期日：４月１日～４月30日

(1)リーダーに依頼する（経理部門に資料提出を要請したい旨、伝える）～４月１日
(2)経理の山下さんに連絡して昨年度の外注費の内訳資料を依頼する　～４月２日
(3)内訳資料から田中・伊東で昨年度の内訳を調べる（上位10社選出）
～４月12日　（実行日時　４月８日10時～13時）
(4)今年度の自部門の外注削減案を決定する
～４月19日　（実行日時　４月15日10時～13時）
(5)リーダーの了承を得る　～４月25日
(6)決定した削減計画を部門内の朝礼で全員に伝える
～４月28日　（実行日時　４月26日９時～朝礼にて）

最後の仕上げ…ⓐ～ⓓの内容を発表・共有する

！ 公開宣言効果を使って達成率を高める

ⓐ～ⓓの項目を決めた管理者は、最後に決定事項をで発表します。

「〇〇のミッションを〇月〇日まで、各タスクをこういった計画で自分たちは進めていきます！」とみんなの前で宣言するのです。

みんなの前で発表する目的は2つあります。

1つは全員で共有すること。

もう1つは88ページでも触れたパブリック・コミットメント（公開宣言効果）の活用です。心理学者のクルト・レヴィン氏が提唱した心理効果であり、周囲の人に自分の目標を宣言することで、目標の達成率が高くなります。

何もせず黙って解散するのと、みんなの前で決定事項を発表し、情報を共有してから解散するのとでは、結果に大きな差をもたらします。

多少のプレッシャーによって責任感が身に付いたり、「言ってしまった以上、頑張らないといけない」と襟を正すような感想を述べる人も少なくありません。

つまり、最後に自ら宣言することで、実行への主体性を促しているのです。

! 「今この場で30分だけ行って解散」で効果を最大化

さらに確実に実行力を上げる方法があります。

それは発表した後、すぐ解散するのではなく、**先ほどの計画で立てた第一歩のタスクを、今この場で30分だけ行って解散する**のです。

現場に戻れば目の前の作業に追われてしまいます。

時間はタイミングによって価値が変わりますから、**「記憶」「温度」「優先順位」の高い今ここでやる30分**と、1週間後の30分では同じ30分でも**「スピード」と実行の「質」がまったく異なります**。今の30分が**最も価値が高い**のです。

前述の外注費削減の例でいうと、最初のタスクは「⑴リーダーに依頼する」。これなら簡単にできるはずです。

リーダーがその場ですぐ内線をしてくれれば「⑵経理の山下さんに連絡して昨年度の外注費の内訳資料を依頼する」などもこの30分の中で終わらせることができるかもしれません。

しかし、すぐ解散してしまうとリーダーも自分たちも忙しい現場に戻り、この2つのタスクが何日もかかってしまうリスクがあります。

こうして1歩2歩を「今ここで」行うことによって、前進していることはわかりますよね。30分という時間にどこかで投資するのであれば、一番価値の高いタイミングで投資しましょう。それが「今ここで」なのです。

◇

ここまで「基本ミーティング」の流れをお伝えしてきました。

次の第6章は「**軌道修正ミーティング**」の解説です。

実行力を最大化させるためには、この軌道修正ミーティングを何度も繰り返し行うことが重要です。

管理フォーマットの例

▼1回目（4月1日）の基本ミーティング後に作った内容

更新日：（4月26日）

優順	ミッション（何を）	誰と	誰が	期間 from	期間 to	【目的（数値）→実績記入】
1	外注費の削減	田中	伊東	4月1日	4月30日	昨年5月～8月対比5%減（まず５月末に結果確認）
	リーダーへ協力依頼	田中	伊東		4月1日	
	経理の山下さんへ電話依頼	田中			4月2日	
	昨年度の内訳を調べる	田中	伊東		4月12日	【実行日時】4月8日10時～13時（上位10社）
	今期の外注削減案を作る	田中	伊東		4月19日	【実行日時】4月15日10時～13時
	リーダーの承認を得る	田中			4月25日	
	削減案を部内全員に伝える	伊東			4月28日	【実行日時】4月26日9時～朝礼にて

優先順位、２人の管理者のうち、実務を担う担当者を誰にするか、期間、実行日時、目的を記入して、結果が出たときは実績値を記録していきます。

管理者になったときのタスクの管理はこうする

上表は、タスクを管理するときに活用する**管理フォーマット**のサンプルです。

ここでは1ミッションだけを例に挙げていますが、実際は全員のミッションと行動計画のタスクを追記していき、一覧できるようにします。

各ミッションごとに管理者が2人いるので、最初の記入、その後の進捗状況の記入は、すべてミッションごとに各管理者が記入します。

この表では、わかりやすくするために終わったそれぞれのタスクも「終了」という形で残していますが、エクセルやスプレッドシートで共有する場合、終了した確認不要のタスクは「非表示」にしておけばコンパクトな表になりますし、見たいときは「再

▼2回目（6月1日）の基本ミーティング後に修正した内容

優順	ミッション（何を）	誰と	誰が	期間		【目的（数値）→実績記入】
				from	to	
1	外注費の削減	田中	伊東	4月1日	6月30日	昨年5月～8月対比5%減→5月実績3.5%減（次は6月末）
	リーダーへ協力依頼	田中	伊東		終了	
	経理の山下さんへ電話依頼	田中			終了	
	昨年度の内訳を調べる	田中	伊東		終了	【実行日時】4月8日10時～13時（上位10社）
	今期の外注削減案を作る	田中	伊東		終了	【実行日時】4月15日10時～13時
	リーダーの承認を得る	田中			終了	
	削減案を部内全員に伝える	伊東			終了	【実行日時】4月26日9時～朝礼にて
	○○会社を再確認＆対策	田中	伊東		6月10日	【実行日時】6月3日14時～16時

完了したタスクは随時「終了」と記入していきます。６月１日の基本ミーティングでは２か月間の実績を共有して、追加タスク「○○会社を再確認＆対策」と期日を修正していきます。

表示」で確認できるのでおすすめです。

フォーマットは共有しやすい方法、例えばタスク管理できるアプリでもＯＫです。「いつでもみんなが見ることができて」「どこでも進捗記入できる」方法を選んでください。

また、ここで決まった実行日時を各自のスマホで「リマインダー機能」を設定して忘れないようにする方法も効果があります。

また、上表の削減では2か月後に再度「基本ミーティング」を開催。外注費の削減というミッションを「引き続き継続していく」場合の表の修正例を載せています。４月の基本ミーティングで決めてひと月で計画をたて、ひと月で実行して３・５％の結果。６月の基本ミーティングで「引き続き5％を目指そう」と結論を立てたわけです。もし「３・５％が限界と判断して中止」の場合は、非表示にして、新たに決めた他のミッションを追記していきます。

事例

30分の価値を最大限に高めただけで売上が2年で1・8倍の14億円に

（神奈川県・アミューズメント業・Z社）

●社員の実行力の精度に難ありで、現場を完全に任せられない社長の苦悩

初めてZ社の社長にお会いした際、僕はこんな悩みを打ち明けられました。

「当社は創業者である私が一人会社としてスタートさせました。その後、少しずつ売上が伸びて事業が拡大するなか、従業員数が30名を超えたあたりから、部下の仕事内容を私が100％指示・管理することが難しくなりまして……。**今後は各部門ごとのリーダーを中心に、〈自走できる組織〉にしていきたい**のです。ただ、ミーティングをしていると課題ばかりが目につきます」

社内の状況を整理していく中で見えてきた同社の課題は次の4つでした。

①働いている従業員は若い人が中心で、現場で活かせる知識や経験が乏しい
②自分で考える習慣のない従業員が多い（できない理由を発言する人も多い）
③従業員の実行力はあるが、精度が低い（「なんでそんなことをしているの？」と思うことがよくある）
④ミーティングの進め方や進捗の報告の仕方が部門ごとでバラバラ（効果的な方法に統一したい）

創業者として事業を大きくしてきた社長は、現場感覚に優れているため、従業員に任せている業務も、現場にある課題への解決策も、社内の誰より一番よくわかっています。それゆえに、「みんなに任せないといけないのは理解しています。しかし、実行の精度が低い。その分、何度もやり直しをしている。成果が出るまで時間がかかっているのを見ていると、まどろっこしくて……」

●ミーティング後の「30分＋30分」でズレのない成果に改善

僕からは3つの解決策を提案しました。

⑴全社会議を変える

普段行っている社長と各リーダーの全社会議を矢本流ミーティングの実施に変更。ミーティング術の型を学ぶとともに、社長の指示待ちではなく主体的に考動できる組織にする。（課題②④への対策）。

⑵ミーティング解散後、プラス1時間（30分＋30分）確保してもらう

実行タイム（ミーティング解散直後すぐ現場に戻らず、その場で考え、実行に向けて動く）30分と修正タイム（実行タイム後に再集合し、この段階で見えてきた課題を報告し合う）30分を設ける。実行タイムで各自の初動を確認でき、修正タイムで初期段階の課題を全員が共有できるため、社長が早いタイミングで問題を修正する余地ができる点がポイント。

(3) 軌道修正ミーティングのサイクルを2週間ではなく1週間単位にする

進捗確認を兼ねた2週間ごとの軌道修正ミーティングを、社長のイメージとの大きなズレが生じないよう、期間を1週間ごとに縮めて早期に修正できる方向にする（課題①③への早めの対策）。

こうした取り組みにより、同社はどう変わったか。

「**軌道修正する時間が以前より短時間で済むようになり、私自身も今では楽になりました**。基本ミーティング後の30分＋30分を使ってイメージの共有や修正をするだけで、こんなにも実行の精度が変わるとは思いませんでした。結果的に2年後には大きな投資をすることなく、売上が1・8倍の14億円になりました」

求めている成果のイメージにズレが生じないよう、初期段階の時間の使い方を工夫したことで、経験が未熟だったリーダーたちの経験値は上がっており、同じフォーマットで進捗管理・共有を行えるようになったことで、それぞれの部門で何をやっているのかが把握しやすくなったともいいます。

◇

このケースでは、経験の未熟なリーダー格の従業員に対し、記憶がまだ新しく、意欲が高まっているミーティング直後に、計画のズレや各自が実行していく中でのつまづきに、社長の経験や知識を早い段階でインストールすることによって精度の高い実行力を後押しし、成果を最大化させることができました。**「30分」という時間をどのタイミングで投資するかによって、価値は大きく変わります。**

第5章　まとめ

基本ミーティング ステップ3 計画の立て方を工夫して実行につなげる

リーダーが決めること	**①ミッション** （取り組む内容）	**②管理者** （誰と誰に）
管理者が決めること	**ⓐ期日** （いつまでに）	**ⓑ順番** （細かなタスクを決定）
	ⓒ実行日時 （日時決定。予定をブロック）	**ⓓ目的** （成果・達成の基準）
内容確認	**リーダーと内容を確認**	
	全員の前で発表（公開宣言）	
	＋	
実行	**30分の「実行タイム」** （その場でできる「最初の一歩」を実行）	

解　散

実行力は「どこまで決めて解散するか」で大きく変わる！

リーダーは「どんなタスクを、どんな順番で、いつやるか（ⓑⓒ）」を個人任せにせず、これらもミーティング中に決めて、解散後は「実行」だけに集中してもらえるようにしよう。

第6章

後日の軌道修正ミーティングが質を高め成果に導く

「決めて終わり」「一度やって振り返りなし」はNG

◉どんなに実行しても実行後の「継続&改善」ができないと成果は出ない

実行力の乏しいチームでは次のような会話がされるケースが非常に多いです。

上司「○○の案件、報告ないけど、あれ、どうなったの？」
部下「すみません。バタバタしていて、まだ……」
上司「先月もなんか同じような話をしたよね？」
部下「一度はやってみたんですが、それっきりで……」

こうならないようにする対策が「軌道修正ミーティング」。実行力アップには、このミーティングが最も重要です。予測不能な様々なトラブルに対応しながら、実行を止めることなく適宜修正を繰り返し、実行し続けて成果につなげる大事な時間になります。

決まったアイデアを実行していても、単発のチャレンジでは効果は見込めません。やらないよりはましですが、1回で成果が出るものばかりではない。繰り返したり、複数のタスクを重ねて改善のうえ実行を継続することが大切なのです。

再び僕の考える成果の方程式とPDCAサイクルに重ねてみましょう。

成果＝アイデア（P）×実行（D）×継続&改善（CA）

多くのチームでは、DどころかPが中途半端な状態が多いと第1章で述べました。仮にDができたとしても単発で終わり、CAがなければ大きな成果は見込めません。

逆に言えば、この継続&改善ができるようになれば、成果だけでなく「学習する組織」に変貌し、時代の変化に対応しやすくなります。

それを実現する方法が、この軌道修正ミーティングなのです。

継続&改善を促す 軌道修正ミーティングの流れ

◉カーナビのようなミーティングを実践して圧倒的な成果を目指そう

それなりに良い計画を立てたつもりでも、思いどおりにいかないことはよくあります。新しい取り組みであればあるほど、そうなることが多いかもしれません。

しかし、**打ち手はいくらでもあります**。継続&改善を本気でしていないだけです。一度目的地を設定すれば、予定のルートを外れても軌道修正を繰り返し、目的地に向かうように提案してくれるカーナビのシステムを、「軌道修正ミーティング」として新たな習慣に組み込みましょう。これを継続すると圧倒的な成果を生みます。

なお、ＰＤＣＡを高速で回すことを提案する書籍はたくさんありますし、現に巨大企業のように息を吸うようにそれを実行し、大きな成果を手にしているところもあります。

僕の場合、「人がたくさんいるわけではない中小企業が、どれくらいの頻度でこの軌道修正ミーティングをやれば成果が出るのか？」を延べ20年間、テストと実践を繰り返してきました。そんな僕の勧める軌道修正ミーティングは次のとおりです。

矢本流「軌道修正ミーティング」とは？

目的　基本ミーティングで決めたことの修正計画の合意
内容と進行　進捗状況の共有↓直近1か月の行動計画提案↓合意
開催方法　リアルまたはオンラインにてリーダーとチーム（管理者2名）ごと
開催頻度　原則、月2回
時間　15〜30分

ここでは全体で集まるミーティングではなく、**実行していくチームごとで小規模なミーティングを繰り返します**。アイデアや解決策を出し合うのではなく**「何が止まっていて、今後どう修正するか？」「今後2週間の計画は？」など、実行に関わる話だけをしていきます。**

◉フォームの更新日を決めて最新情報をメンバーと共有する

「前回、何を決めたんだっけ？」と決めたことを忘れるようなことなく把握するため、189、190ページのフォーマットを軌道修正ミーティングでも追記して活用します。このフォームを活用すれば、お互いの進捗状況が確認しやすくなります。

例えば「1日と15日に情報を更新する」など、最新状況を記入するタイミングのルールだけ決めておけば、リーダーの「あれってどうなっているの？」「報告がない！」といった確認の手間や報告漏れへの不満も解消されます。

> **!**
> ・**情報の更新日は覚えやすい日にするのがおすすめ** 例：1日と15日など
> ・**変更部分は赤字にし、「目的」の備考欄に変更した理由を記入する**

フォーマットには以下のように最新状況を記入します。

・タスクは終わったが結果が出てないミッションの場合→**結果待ち**と記入
・ミッションもタスクも終わって結果も出た場合→**完了**と目的欄に実績を記入
・タスクが終わった場合→**完了**
・進行中または改善継続中のミッションやタスク→**期日**と**実行日時**を修正

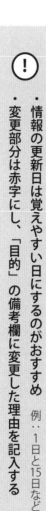

フォームの更新日を決めて最新情報をアップする習慣を持てば、**メンバー一同がいちいち集まらなくても最新状況を共有することができます。**

また、**「やるべきことを忘れて放置する」ということへの抑止力にもなります。**

◉進捗状況の記録は組織全体の財産になる

このフォームには、もう1つメリットがあります。

それは、実行し、結果が出て、「目的」の欄に結果を明記しておけば、「組織のチャレンジ記録」にそのままなることです。

「新たにリーダーを任された」「以前の活動内容を知りたい」など、いつの時期に、どんなチャレンジをしたのか、どんな結果で終わったのか、**進捗状況を記載しておくことで、今までの経験と結果がデータとして積み上がっていきます。**

そうすることで「以前やった効果の弱い打ち手を、何も知らずに再び繰り返してしまった」といった失敗がなくなるなど、今後の活動の参考になります。

軌道修正ミーティングで話し合う内容

◉事前準備で効率の良い話し合いをする

では軌道修正ミーティングの進め方を「①管理者2名」「②リーダー」に分けて説明します。

①管理者2名が行うこと

【事前準備】

ミーティングに備え、事前に管理者2名で現状の進捗確認をし、「今後2週間から1か月の行動計画」を決めて**フォーマットを修正・追記**します。その内容は**リーダーに送っておきます。**

【当日】

・現状の進捗確認を簡単に行い、今後の行動計画をプレゼンする

このとき、**フォーマットの内容を一から十まで全部読むのは非効率なので、要点のみ伝えます。**

「実行が終わったものは○○です。その成果は△△でした」

「今××計画が△△の理由で止まっています。今後は○○計画に修正して進めます」

！ 今後の計画は管理者同士が主体的に決めてリーダーに提案する

ここで大切なのは今後の計画について、**管理者の2人が主体的に決めてリーダーに提案する**ことです。指摘されて動くのではなく、現状の優先順位を見極め、行動計画を自ら修正して諦めずに実行することが重要です。

②リーダーが行うこと

【事前準備】

軌道修正ミーティングまでに**管理者から修正計画されたフォーマットを見てからミー**

ティングに臨んでください。

【当日】

担当者からの行動修正の計画のプレゼンを聞いて了承なのか、修正してほしいのかをフィードバックしてください（順調に進んでいたり、修正計画がイメージどおりであれば問題なしと判断する）。

・リーダーと優先順位の確認をし、必要なら修正する

リーダーに提案して「ＯＫ」となる場合もあれば、「もっと期日を早められないか？」とリクエストされる場合もあるでしょう。放っておくとズレてしまう優先順位や期待する期日を確認しながら、必要な修正を行なってください。

◉スケジュールどおり実行できない7つの原因

一番頭を悩ませるのが「修正計画が遅い」「そもそも実行できていない」場合です。

このとき、リーダーは進んでいないチームがあったとしても「なんでできていないんだ！」「誰の責任か？」といった個人への責任追及や犯人探しをせず、「今後どう修正していくのか？」に重きを置いてください。過去視点ではなく、未来視点で会話すること

は、軌道修正ミーティングの場合も同じです。
チームが動けていない理由は次の７つに分類されます。

(1)時間の問題

限られた時間でリーダーと管理者で優先順位がズレていくケース

(2)計画の立て方の問題

計画の立て方が甘いことによって止まるケース

(3)人（担当者）の問題

本人の適性や担当者が所属する部署の繁忙期などによるケース

(4)アイデア・解決策の問題

「思ったほど効果が見込めない」「時間とコストが予想よりかかる」などやってみて難易度が高いケース

(5)優先順位の問題

後発のお客様のアポを優先してリスケが繰り返されるケース

(6)環境の問題

他の業務と並列でこなすことでタスクが手に付かないケース

(7)連携の問題

他の人と協働して進めたいがなかなか日程が合わない

(1)と(2)は軌道修正ミーティングの中で**リーダーがアドバイス**することで改善していきましょう。

(3)は他のメンバーも加えたミーティングを別途開き、**管理者の変更**を検討します。

(4)は基本ミーティングで出た他のアイデア・解決策を見直し、**ミッションの中止・変更**をしていきます。

(5)〜(7)の対策は２０８ページで紹介します。

リモートメンバーがいるときの軌道修正ミーティングの進め方

●軌道修正ミーティングは原則「オンラインミーティング」でOK

コロナ禍以降、僕は軌道修正ミーティングをチームごと（管理者2人とリーダー）にオンラインで行っています。「リアルで全員集合」だと、個々のスケジュールを合わせるのが容易ではなく、拠点が複数の場合では移動時間や交通費も必要になります。Zoomなどのオンライン会議ツールを使えば、遠方にいるメンバーとも確実にミーティングを実施でき、様々なデメリットを解消することができます。

ただし、次のような場合は必要なメンバーを集め、リアルで行いましょう。

- 進捗状況が芳しくないチームが複数ある場合
- 管理者を別の人に入れ替えて進めたほうがよい場合
- 管理者だけでは問題を解決できず、他のメンバーの知恵を取り入れて改善したほうがよい場合

このような場合は2か月に1度開催する基本ミーティングで行うアイデア・解決策を軌道修正の内容に組み込んだり、さらに急を要する場合は月に2回行う軌道修正ミーティングを基本ミーティングに変更するなどします。

全員がリアルで集まるのが難しい場合は、早期開催を優先し、リアルとリモートを併用しましょう。

ここまでやっても実行できないときの奥の手3つ

◉どうにもならないときに僕が使う3つの効果的な対策

軌道修正ミーティングだけで簡単に解決しない205、206ページに示した(5)〜(7)の問題に対し、僕が使う対策を3つ紹介します。

①優先順位問題

「お客様のアポが入ったので、その日は実行できませんでした」への対策

！ 自分の予定表に入れるときは先約のお客様と同様「変更不可」にする
または実行日時を決めるときに予備日を決める

ミーティングを実施したときの最後に、計画を細かいステップに分けて、実行日時を決めたはずです。「他のお客様のアポ希望があったから」「急な仕事が入ったから」など、突発的な仕事が入ったという理由で簡単に変更すると、実行力は当然、下がります。

実行日時を一度入れたら「クレーム対応のお客様のアポイント」と同じくらいの扱いにすることとして徹底します。こうすると自己都合で簡単に予定を変更しなくなります。後から入った突発的な仕事は、何らかの形で調整するはずです。

もちろん、すべてのタスクをこの扱いにしろという意味ではありません。「どうしても早く実行して成果につなげたい！」、そんな優先順位の高いミッションの場合は、こうして優先順位をグイッと上げて、時間を完全ブロックして実行につなげてください。

もう1つの方法は、**実行日時を決めるとき、万が一、他の緊急案件が入った場合の予備日まで予め確保しておく**方法です。つまり、実行日時を最初から2か所（基本日と予備日）ブロックしておくのです。2人一組の管理者体制ではよく起き得るリスケジュールに、前もって備える考え方になります。

②環境的問題「集中して仕事ができないので予定どおり進まない」への対策

！ 最低限必要なものを持って、一定時間、場所を変えて作業する

「鳴った電話に対応しながらだから、思ったほど時間が確保できない」
「社内のいろんな人がデスクに来て、質問や仕事の依頼をしてくる」
本来ならば2、3時間も集中すればできてしまう作業も、集中できない環境であるがゆえに1日たっても終わらないケースもあります。

「組織としては重要でぜひ早く進めたい」または「他のチームと連携するミッションなのでボトルネックにしたくない」など重要性が高い場合は、リーダーが指示して「思い切って作業する場所を変え、時間を決めて集中し、さっさと終わらせる」というのも一案です。例えば、会議室や近所のカフェなど、自分の持ち場から離れるのです。

ポイントは、「必要な物だけを持って、誰にもに邪魔されないスペースに移動」して、

その作業に集中し、最後までやり切ることです。

スマホやタブレット、PCなどを持参してもかまいませんが、これらのツールで作業をするわけではない場合、ミッションが終了するまで絶対に触らないルールとするのも重要なポイントになります。**作業の邪魔をするものは遠ざけ、やらざるを得ない環境（「できませんでした」では戻れない環境）を作ってしまう**のです。

③連携問題
「管理者で会話や作業をしたくても、お互い忙しく日程が合わない」への対策

！ いっそミーティングを「作業の場」にしてしまう

前述の②は個人に作業時間と場所を提供するやり方でしたが、③はチーム全体（複数の人）に対して作業時間と場所を与えるやり方です。

「管理者同士で一緒に決めたいことがあるが、お互いのスケジュールが合わない」
「他のミッションの管理者やリーダーとも相談し合いたいけど忙しそう」

こんな風に複数人が絡む内容の場合、実行日時をブロックしていても、やむを得ない事情でリスケジュールが必要になり再設定が難しいケースや、何度も打合せできないケースもあります。

こういった場合の最終手段として、**リーダーの主導により、「1週間（または10日間）に1回30分〜1時間の実行ミーティング」という場と時間を確保する**のも一案です。

ミーティングといっても「実行ミーティング」は話し合いが目的ではなく、「関係者だけで、誰にも邪魔されない時間と空間を確保し、集中してコミュニケーションをとり、一気に前に進める」ことが目的です。

◉実行ミーティングの基本ルールと進め方

実行ミーティングの流れは以下のとおりです。

(1)メンバー全員がブロックできる**日程を2、3日分確保**する

(2)当日集まり、**自分の止まっている作業を進めたり、他のメンバーに相談・確認することだけに時間を使う**（スマホの使用やミッション以外の電話は禁止）

(3)自分のミッションが完了している人の場合で、他のメンバーとの連携を図らなくても

非常時に行う「実行ミーティング」とは？

目　的	「各自で頑張る」ではなく、集中して一気に進める
内　容	関係者が一堂に集まり、連携して作業に取り組む
開催方法	リアル、オンライン、あるいは併用のうえ関係者全員で行う
開催頻度	１週間（または10日間）に１回
時　間	30分〜１時間

問題がなさそうであれば、参加メンバーやリーダーへの確認・合意をとったうえで実行ミーティングを個別終了。自分の職場に戻って仕事をしてもＯＫ

◇

以上３つの〝奥の手〟を紹介しました。

実行してほしいことが思ったように進んでいないメンバーに対して、リーダーは、

「重要なんだから頑張ってやらないとダメだろう！」

「時間管理も仕事のうちなんだから、しっかり時間をつくってやれ！」

といった精神論でマネジメントするのではなく、時にリーダーにしかできないような環境をつくって実行を進めていく判断も必要ということです。

ただし、ここで紹介した2番目と3番目の空間と時間を確保する方法は、あくまでも最終手段。ここに至

ることなく、各管理者がそれぞれミッションを遂行している状態が望ましい姿です。
これらを当たり前のように活用しないでください。常習化すると、普段の仕事の中で時間を捻出する努力をしなくなるからです。あくまで時々の切り札としてご活用を。

◉軌道修正ミーティングで身に付く「柔軟性」と「質の高い実行力」

定期的に開催する軌道修正ミーティングを定着させることで、２つの大きなメリットが享受できます。

１つは臨機応変に対応できるチームになります。

基本ミーティングで立てた計画がと予定どおり実行されれば何の問題もないのですが、なかなかそういうわけにはいきません。

想定外のことが起こってタスクが停滞するたびに、「今、重要な仕事やタスクは何か？」「何を優先して何を後回しにするのか？」と何度も見直しながら、重要なものをやり遂げることで成果が出ます。

仕事や新しいタスクがなくなることはありません。１日24時間が、それ以上増えることもありません。つまり、この優先順位の付け方で成果が変わります。刻々と変化する状況に対し、優先順位を見極め、柔軟に対応しながら実行できるチームだけが進化するのです。

もう1つは、改善しながら実行を継続することで質が圧倒的に高まります。

目標数値が高ければ高いほど、「1回タスクを実行して終了」ということはありません。やり方に改善を加えながら何度も行動することが必要になったり、まったく違うアプローチで実行を重ねていく工夫が必要になります。

この「実行」「改善」「継続」、どれか1つをとっても難易度は高いものです。軌道修正ミーティングでは、この3つを集中して協議するからこそ実行率が高まり、結果的に質が高まっていくのです。

この柔軟性を鍛え、改善・継続を繰り返すからこそ、学習・自走できるチームへ成長できるのです。

第6章　まとめ

軌道修正ミーティングのあらまし

成果 ＝ アイデア（解決策）× 実行（計画）× 質（継続&改善）

↓

軌道修正ミーティング（定期的に開催して実行力を組織としてサポートする）→ 学習・自走できるチーム

事前準備：管理者同士で修正計画を決定 → 事前共有

当　日：修正計画とその理由を説明 → リーダーと協議

止まってるミッションへの対応

・時間的問題
・計画の立て方
↓
そのままを前提にアドバイス

・人の問題
・ミッションの問題
↓
計画の見直し

それでも「実行できない！」ときの対策
「優先順位」「環境」「連携」問題

①実行日時を「最上級」扱いにする
②タスクが停滞している管理者に「場所」と「時間」を提供
③「実行ミーティング」の開催（関係者を集めて集中作業）

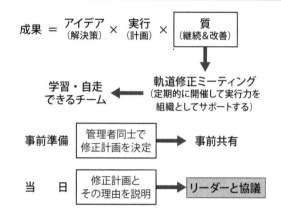

第 7 章

ミーティングで
強い組織文化を作り、
その中で人を育てる

人が持つ環境適応能力を活かして成長を加速させる

◉同じ人でも環境によって成長度合が変わる

個人単位でいえば、良い習慣は良い結果を生みます。

例えば、「夜更かしせず、早起きして朝の時間を活用する」「食べすぎない」「適度な運動をする」「時間を守る」、こういった習慣を毎日、当たり前にできる人とできない人では、外見や仕事のパフォーマンスも変わってきます。能力の問題ではありません。

チーム・組織も同じで、良い習慣を当たり前にできるチームとできないチームでは、成果の違いを生みます。メンバーの能力の差だけではありません。僕はこのチーム・組織単位での習慣を「組織文化」と呼んでいます。

しなやかで強い組織が持つ組織文化とは何なのか？　どうすれば手に入るのか？　を

この章で説明していきます。

なぜ組織文化が重要かというと、人は環境によって考動パターンが変わるからです。「付き合う人が変わってから○○さんは変わった」といった場面もよくありますよね。

環境によって人が変わるのは、人には「適応する能力」があるからです。

人事異動や転勤によって、業務内容や住環境、生活様式が一変した場合、最初は強いストレスを感じるかもしれませんが、3か月、半年と経つうち、以前ほどストレスを感じなくなり、最終的には普通に生活できる人がほとんどではないでしょうか。

このことから言えるのは、組織文化次第で自然に成長を加速させることもあれば、伸び悩むこともあるということ。**組織文化にも強弱があるのです。**

◉ 矢本流ミーティングは「こんな主体的な部下がほしい」から設計

僕が前職でブライダル企業に転職した最初のマネジメントは、1対1の面談でした。

しかし、管理する部下が増えていく中で、次のように考えました。

「1人ひとりの面談ではなく、効率的に従業員教育ができる場はないか」

「各自が持っている情報を効率的に集め、より良い決定につなげられないか」

そう考える中で、集団が集まる「ミーティング」の活用を思いついたのです。

しかし、最初はまったく発言がない、実行できないなど、失敗ばかり。成功者の様々な本や研修から学んで、試行錯誤を繰り返して、今のミーティングに行き着いたのです。

その中で**意識したのは、ミーティングを「問題解決」だけでなく「人材育成」の場に変えること**でした。

まず、最初に「どんな部下が欲しいのか？」を描きました。

私が理想とする部下は、問題が起きたときにこう報告をしてくれる部下でした。

「～な問題が起きました。起きている事実は～なので～が原因だと判断しています」
（事実と解釈を分けて分析できる）
「今後の解決策としてはA案とB案を考えました」

（解決策を自分の頭で複数、考えられる）

「～という理由からA案が良いのでは？　と考えています」

（自分なりの最適解と理由を持てる）

「A案で進めて、大丈夫でしょうか？」

（より良い案も受け入れられる報告・連絡・相談ができる）

「こんな部下を育てるミーティングにしていこう！」

こう考えてスタートしました。

最終的には、「どうしたらいいですか？」としか聞いてこなかった部下たちが、ミーティングを繰り返す中、最終的には日常業務でも自分の考えを複数案持ってきて、自分が思うベストアンサーを提案し、実行してくれる部下に変わっていったのです。

なぜ育ったのか？　ミーティングの流れ（環境）を変えたのです。

219ページにも書いたように「人は環境に適応する能力」があります。

人は職場環境に適応するのと同じようにミーティング環境にも適応できます（極端に負荷がかかりすぎる環境でないことや、長時間でないことも適応への大切なポイントです）。

問題があったとき単に、

「言いたいことはなんでも言っていいよ」

と投げかけるのか、

「未来視点で解決方法を複数考えて提案して」

と投げかけるのか、ミーティングという環境設定によって人の言動が変わるように、どんなミーティングの進行に設定するかで参加メンバーの考動が変わり、成果も変わるのです。

成果の出るミーティングをすれば強い組織文化に変貌する

◉ミーティングで得るスキルは最高のパフォーマンスへ

なぜミーティングで人が育つのか？

ミーティングは価値観の異なる集団が、短い時間に、主体的に解決策を出し合い、きちんと合意形成。そしてお互い協力して実行・成果を出していくスキルです。

では、具体的にはどんなスキルが身に付くのか――。それをまとめたのが225ページの表です。

成果の出るミーティングにはこれだけのスキルが詰め込まれています。これらのスキルが身に付けば、必然的に「自走できるしなやかで強い組織文化」になります。

また、こういったスキルはミーティングだけでなく、むしろ普段の職場にも必要なスキルではないでしょうか。

だから、ミーティングが精度高く実施できればできるほど、強い組織と人材へと成長していくのです。

これをリーダーが1人で、日頃の業務をこなすのと並行して、それぞれとコミュニケーションを取りながら、直属の部下をはじめ、組織全体へと定着するまで繰り返し指導していくことは大変です。

ミーティングの場を活用すれば、「参加者全員同時」に、「繰り返し」ポイントを押さえていくことで身に付き、効率的で確実な人材育成につながります。

身に付く主なスキル

▼リーダー（進行役）

部下から主体的なアイデアや解決策の提案を集める「質問力」	「組織・個人の２軸」により、「未来視点」で引き出す
心理的安全性を確保、自然と情報が集まる「聞く力」	自分と違う＝違う視点を提供してくれる、を習慣に
参加者の賛同率を把握して最適解を「決断する力」	全員投票で賛同率を把握し、より良い決断・修正を繰り返す
参加者の遂行状況を把握する「管理能力」	部下が自主的に進捗共有できる仕組み

▼参加者

課題に対しアイデア・解決策を必ず複数「考える力」	「複数」「自分ができること」で課題解決能力が向上
自部門の都合ではなく、全社視点で「判断する力」	「もし自分がリーダーなら？」投票がリーダー視点の練習に
成果を出す組織のルールが身に付くことで「組織力向上」	「反対意見でも成功へサポート」「全員責任」で自分ごとに
スピーディーで実行力の高い「計画力」	「今すぐ」「小さく始める」「修正」の実践
実行と改善と継続を繰り返す「軌道修正力」	車のナビのように目的地に到達する修正能力

しなやかで強い組織文化の作り方は小さなミーティングから

◉まずミーティングだけでいい

「ミーティングの場を使わなくても、普段の職場で強い組織文化を目指し、みんなが意識していけばいいんじゃないの？」と思った方もいるかもしれません。

しかし、それは一番ハードルの高い方法になります。

なぜなら、「普段から毎日気をつける」ことが、どれほど難しいことであるか、多くの人がわかっているはずです。

職場での1日というのは「長い時間」であり、その間、ずっと集中して組織文化を変えることを「意識し続ける」ことなど、困難以外の何物でもありません。

一方、ミーティングの場合は、**限られた時間だけ**、ミーティング中の会話から**小さく**

スタートすることによって、集中して実践することが可能になります。

その実践を「繰り返す」ことで定着し、それが組織文化に変わり、当たり前の習慣になるのです。

◉ダイエットも人も高負荷をかけると失敗する

最初から、慣れていない人が長時間、高い負荷をかけすぎると、ダイエットの例などでもわかるように、リバウンドして数回で心が折れてしまいます。

部下だって同じです。長時間、休みなく、高い負荷をかけ続けると、疲弊します。

僕は、「長期間」「負荷をかける」ことで過去に失敗した経験を持っています。

前職で部長から取締役まで駆け抜けた時代は、「まだまだいける」「次はもっと上を目指そう！」と、目標達成をするたびに、次の高い目標を設定して部下を鼓舞していました。

これでは、短距離走を全力で走り、ゴールした瞬間に休む間もなく次の短距離走をまた走らせているのと同じです。

2、3年間であれば、みんな頑張れます。しかし、3～5年も続けると「いつまで続くの？」と疲弊していきます。結果、ついていけない社員を辞めさせてしまったという苦い経験があるのです。

人には環境適応能力が備わっていると前述しましたが、「長時間」「高い負荷」は適応できる可能性を大きく下げます。**大切なのは「適度な負荷」**です。単に甘やかすのとは違います。

筋トレの理論と同じ。成長において「適度な負荷」「休息」はバランスを取る必要があり、**「長時間」「高い負荷」は退職リスクを高めます。**常に多くの従業員がいる大手企業であれば通用しますが、人員が不十分な中小企業ではマイナスに作用します。

◉強い組織文化定着のステップ

だから、まずミーティングの場だけでいいので、**「限られた時間」「小さく」「繰り返す」**。これは新しいことに対する環境に脳を慣れさせ、実行力を高めるキーワードと同じです。

実際、何年も伺っているクライアント先では、初めて会った入社1年未満のアルバイトが、社員の代わりに僕のミーティングに参加し、最初からみんなと同じことができます。なぜだと思いますか？

①まず矢本流「成果の出る考動パターンのミーティング」に参加した社員が
繰り返し実践する

↓

②だんだん、その社員は成果の出る考動が普通にできるようになる

↓

③その社員が各職場で同僚社員やアルバイトと矢本流ミーティングをする

↓

④そのうち同僚社員やアルバイトも成果の出る考動ができるようになる

↓

⑤成果の出る考動パターンで会話するのが当たり前になる

↓

⑥社内の習慣が変わり、新人もその中で働くうちに同じ考動が
自然にできるようになる

強い組織文化をこうやって作ってきたからです。

特殊な才能がみんなにあったわけではありません。繰り返しやって輪を広げてきただけです。

◉組織文化は手段、幸せな会社が目的

ホテルマン時代、レストランで働いていた同僚が近隣の飲食会社に転職しました。お世辞にも優秀とは言えない同僚でしたが、1年後に彼が店長を務めるその飲食店に行って僕は驚きました。ホテルでは見たことがなかった、スタッフへ指示をしている彼の機敏な姿があり、お店も繁盛していたからです。

気になった僕は彼と会い、話を聞いてみたのです。すると、店舗のオペレーションの話、スタッフ教育、集客や粗利に対する考え方……、すべてにおいて1年前の彼からは想像もつかない単語や話が出てきました。

「それは誰かに教えてもらったの?」と聞くと「いいや。うちではみんな、そんな感じだから」。そう答えた彼に、僕は部活の記憶が思い出されました。

僕の部活はサッカー一筋。高校時代、広島県の選抜メンバーに選ばれた僕は、同様に

選抜された他校の強豪校の生徒たちと練習で時間を共にしました。

驚いたのはサッカーに対する取り組み方が根本的に違ったことでした。僕は「部活での練習は個人が上手になるために時間」と捉えていましたが、強豪高のメンバーは「部活での練習はチームプレイの時間。それ以外に時間を作って取り組むのが個人の練習時間」だったのです。

つまり、彼らは24時間を使ってサッカーに取り組んでいたのです。思わず「すごいね」と言った僕に、彼らは「そうか？　普通だよ」と返します。

こうした経験から、一見見えないけど「組織文化」というものが存在し、「環境によって人の成長は変わる」ことを僕は学びました。そして、この文化をどう醸成すればいいかを考えるきっかけとなり、前職での実績、今ではクライアント先での躍進に大いに役立てています。

もちろん教育にはスキル的な要素は必要です。しかし「社会人としてどう考動するとパフォーマンスが上がるか」、この成果の出るパターン、つまり土壌がしっかりしていることで、その中で育むスキルはより輝くはずです。

ましてや中小企業は今、どこも人手不足。負荷のかかる教育を特定の人・個人に頼るのではなく、組織文化・集団で人を育てる視点が必要です。

ここまで「組織文化」を連呼してきましたが、これも手段に過ぎません。

・お客様や従業員が笑顔の会社
・働きたい人が集まり、簡単に人が辞めない会社
・お互いの価値を認め合い、成長とやりがいを感じる会社
・お客様に幸せを提供するため、常にサービス・商品を改善し続けられる会社

企業における価値観はそれぞれなので、目指す姿も違いますが、しなやかに自走できる組織文化を目指す最終目的は、このあたりにあるはずです。

みんな、幸せな会社にしたい。世の中に価値を提供したい。

願っていることは同じなのに、人手不足で余裕がない。話し合えば価値観や優先順位

の違いから意見がまとまらない。実行時には協力体制がいまいち……と悩んでいる企業はたくさんあります。

そうした悩みを解決するための方法の1つが**組織文化で人を育てる**ことであり、そのツールが**実行型ミーティング**だと気づいてもらえると嬉しいです。

第7章　まとめ

成果を出すしなやかで強い組織はこうして作る！

成果を出す強い組織には
それ相応の文化（考動パターン）がある

&

それをコンパクトにしたのが
「矢本流ミーティング」

どうやって変えていくか？

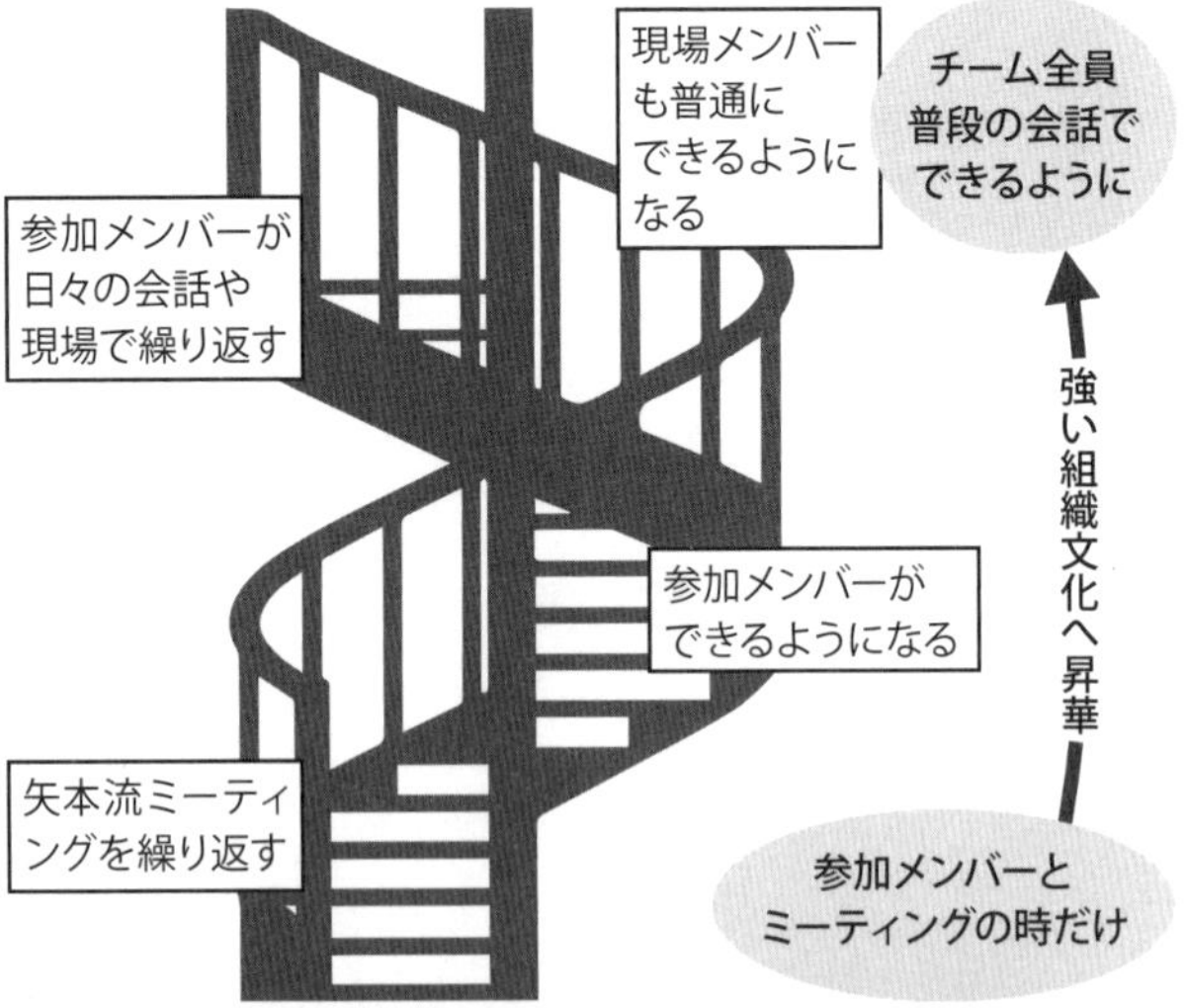

現場メンバーも普通にできるようになる
チーム全員普段の会話でできるように
参加メンバーが日々の会話や現場で繰り返す
強い組織文化へ昇華
参加メンバーができるようになる
矢本流ミーティングを繰り返す
参加メンバーとミーティングの時だけ

**人が持つ「環境に適応する能力」を生かして
自走できるチームへ昇華させる！**

おわりに

◉ミーティングは「希望ある未来」を作り出すツール

「実行が大切」

「新しいことにチャレンジしないと未来は変わらない」

こういった正論は聞き飽きたし、わかってる。

でも、どう行動すればいいのか、部下をどのようにサポートすれば実行力が高まるのか、悩んでいるすべての人にお伝えしたいことがあり、この本を書きました。


どんな人にも必要なのが「未来への希望」です。

心が折れるのは今がしんどいからではありません。未来への希望を持てなくなったときに人の心は折れるのです。

だから未来への希望は必要。


「未来を予測する最善の方法は、自らそれを創り出すことである」

僕の好きな、米国の計算機科学者アラン・ケイの言葉です。

僕は実行型ミーティングを「自分たちの知恵と行動で希望ある未来を創造できるスキル」だと信じています。


「部下が主体的に仕事をするように変わってきた」

「売上・利益が過去最高になって、この先が楽しみ」

「会社をたたもうかと考えていたけど、続ける未来に希望が持てるようになった」

変化のあったクライアント先や塾生さんから、こういった嬉しい言葉をもらうたびに、感謝をしなければならないのは僕自身だと思っています。

皆さんのチームの一員としていただき、皆さんが変わっていく素晴らしい時間を一緒に共有させてもらっているのですから。


特別な才能がない僕にできるのだから、大丈夫。

そして、もしあなたがトライしてうまくいかなくても落ち込む必要はありません。

何度、挫折してもいいし、気にする必要もありません。
僕と同じように、いつからでも、何度でも、やり直せばいいのです。

最後になりますが、出版にあたりご尽力いただいた日本実業出版社の佐藤さん、ありがとうございました。僕を産んで育ててくれた両親や親戚、いつも支えてくれる妻と娘、ありがとう。いつも周りで支えてきてくれた大切な人たち、ありがとうございます。そして、すべてのクライアント先や塾生のみんなに、人生に関わってくれたすべての人に、この本を呼んで下さっているあなたに心より感謝しています。

このミーティングスキルを通じて、あなたの独自の価値が輝きますように。
同時にあなたのチームが希望ある未来を自分たちの考動で創り出し、さらに輝くことを心より祈っています。
一緒に輝く未来を創造していきましょう。

２０２３年３月吉日

ミーティングコンサルタント　矢本　治

（株）チームサポートプロがやっていること

活動の柱の１つは企業コンサルティング。

ミーティング・会議の設計から進行、実行へのサポートを通じて、従業員の主体性・考動力を高め、自走できる組織作りに貢献。異業種の成功事例を活用して、顧問企業の売上を向上させることが得意。

サポート実績のある業界は飲食・製菓・ホテル・ブライダル・写真・アパレル・エステ・美容・旅館・人材派遣・金物・製造・建設・住宅・印刷・医療・介護・福祉・消臭・スポーツ・エンターテインメント・IT業界・地域活性化など。

企業規模も国内の中・小企業を中心に上場企業から大手外資系企業まで幅広い。


もう１つの柱は講演・企業研修。

経営者・リーダー対象のファシリテーション能力向上をはじめ、ミーティング・会議の専門家として、上記の業種に加え公的機関や行政機関からの依頼も多い。


また、個人を対象とした少人数制の私塾「矢本塾」を都内・銀座にて開催。

2014年から継続中の経営者、経営幹部を対象とした「リーダー塾」を始め、2022年度からは経営者のみを対象とした「経営塾」も開校。一人ひとりが本来持っている個性を引き出し、経営やマネジメントに生かす手法が得意。卒塾生は全国で活躍中。

矢本　治（やもと　おさむ）
㈱チームサポートプロ代表
1971年広島県出身。愛媛県でホテルマンとして10年勤務後、2004年、当時低迷していた関東のブライダル・レストラン運営会社に営業部長として再生を期待され転職。衰退業界において、設備投資や人員の入れ替え、安売りをせず、社内のミーティングのやり方を工夫して売上を３年間で３倍の９億円以上に。ミーティングは業績向上だけでなく人材育成にも役立つことに気づき、手法を進化させながら社内に浸透させ、取締役での退任時の売上は６年半で６倍の18億円以上へ。
2010年、様々な業界の会社をお手伝いしたいという想いで会社を設立。日本初の「ミーティングコンサルタント」として、中小企業から一部上場企業、外資系企業まで、多種多様な業種のミーティングをサポート。「自走できる組織」に改善させることで、96％以上のクライアント先の業績向上に貢献している。ミーティングにまつわるコンサルティングのほか、従業員から役員クラスまで幅広い層を対象にした講演・社内研修、経営者・幹部候補生を対象とした私塾「矢本塾」の活動も行っており、現在では多くの門下生が全国で活躍している。
著書に『「15分ミーティング」のすごい効果』（日本実業出版社）がある。

なぜミーティングで決《き》めたことが実行《じっこう》できないのか
速《はや》く確実《かくじつ》に成果《せいか》を出《だ》す、すごいやり方《かた》

2023年４月１日　初 版 発 行
2024年３月１日　第４刷発行

著　者　矢本　治
発行者　杉本淳一

発行所　株式会社日本実業出版社　東京都新宿区市谷本村町３－29 〒162-0845
編集部　☎03－3268－5651
営業部　☎03－3268－5161　振　替　00170－１－25349
https://www.njg.co.jp/

印 刷／木元省美堂　　製 本／共 栄 社

ISBN 978-4-534-06001-3　Printed in JAPAN